運命のパートナーを
引き寄せたいなら
ノートの神さま
にお願いしなさい

運命カウンセラー丸井 章夫

すばる舎

はじめに

本書を手にとっていただき、誠にありがとうございます。
運命のパートナーを引き寄せたいと思っているあなたは、「強運」です。
これからあなたに、人生の大きな幸せのカギをお伝えしたいと思います。

運命カウンセラーの丸井章夫と言います。
これまで25年以上にわたり、のべ3万人以上の方に運命鑑定などのセッションでお会いしてきて、人生の成功や幸運の秘訣を知りました。

3万人以上の方にお会いして、わかったことがあります。
それは、

「どんな人と結婚するかで運命は決まる！」

「運命のパートナーを引き寄せると、素晴らしい人生を送ることができる！」

「運勢は、運命のパートナー次第で大きく変わり幸せになれる！」

ということです。

そうです、**あなたは運命のパートナーと結ばれるために生まれてきました。**

運命カウンセラーである私のオフィスには、さまざまなテーマのご相談が来ます。

その中でも多いテーマの１つが、恋愛や結婚についてのご相談なのです。

そして、長年、恋愛や結婚について四六時中アドバイスしてきた経験から、**ときめくような恋愛・結婚を引き寄せる方法**を知ることとなりましたので、本書を書く機会に恵まれた次第です。

私はこれまで、引き寄せに関する本や恋愛専門の手相など、著書7冊を書いてきました。

その中でもとくに、２０１５年11月に出版した前著『幸運を引き寄せたいならノートの神さまにお願いしなさい』（すばる舎リンケージ）は瞬く間にベストセラーになり、老若男女問わず、多くの皆さんの手に届きまして大変な反響をいただくに至りました。

前著を通じて、全国津々浦々の読者の皆さまの**「ノートを通じて幸せをつかんだ」**という声をたくさん聞くことになりました。

「ノートの神さま」はさまざまな願望を叶えてくれたことでしょう。

ノートに書けば書くほど幸せになれるので、仕事、お金、人間関係、恋愛、結婚、プラス、何の分野であれ大きな効果を発揮させることができます。

本書『運命のパートナーを引き寄せたいなら ノートの神さまにお願いしなさい』では、その中でも「幸せな恋愛・結婚」「愛情を得る方法」について長年の実践と研究の成果を述べていくことにします。

とくに、人の最も大切としている「愛情」にスポットを当てて、**ノートの神さまに微笑まれて、恋愛・結婚において、ますます幸せになれる方法**を伝授したいと思いますので、ぜひ、その秘鍵《ひけん》を受け取ってください。

きっと、あなたの人生に幸運の連鎖を起こすきっかけになることでしょう。

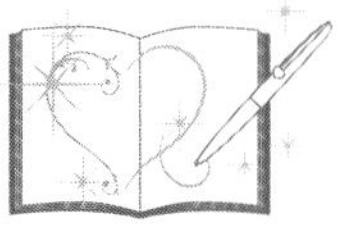

運命のパートナーを見つけて結ばれるコツとは？

運命のパートナーを見つけてその人と結ばれるコツは、難しいことではありません。

「ほんの少し変えてみる」だけでいいのです。

そもそも人間、大きく変わることは苦手です。「安定化作業」といって、過去や現状をできるだけ変えずに生きるという防衛本能がヒトにはあるからです。

それでは「ほんの少し変えてみる」とは、いったい何をほんの少し変えればいいのでしょうか。

それは**「『縁結びノート』を書く」**と**「旅に出かける」**ということ、この2つです。

本書のメインテーマである「ノートの神さまに微笑まれて、恋愛・結婚でますます幸せになる」ためには、この「縁結びノート」という3つのノートを書くことが欠かせません。

本書では「『縁結びノート』の書き方」について、たっぷり解説していきますのでぜひマスターしてください。

また、「旅に出かける」ことも人生において、とても重要です。

ある人は嬉々として初めて訪れる土地を満喫し、人生に疲れた人はその癒しのために旅行に出かけ、ある人は家族とひさびさに海外旅行に出かけるといった具合に、旅はさまざまな人たちが求めています。

その旅行には実は〝運命を変える旅行〟というものが存在し、私が勧める**「吉方位旅行」においては何百人もの人が理想の人と出会って結婚していった**のです。

この2つをあなたに知ってもらうために、本書では「『縁結びノート』の書き方」と「縁結び旅行」について書きました。

つまり、本書を読むと、「恋愛運・結婚運が劇的に向上する『縁結びノート』の書き方」と「1年以内に結婚できる素晴らしい効果がある『縁結び旅行』の方法」を知ることができ、**自動的に幸運をインストールすることができる**のです。

運命のパートナーを引き寄せるための3つのノート「縁結びノート」――。
この3つのノートの名称だけ、まず冒頭で紹介したいと思います。

「マグネット・ノート」
「キューピット・ノート」
「アゲマン・ノート」

この3つのノートで素晴らしい運命のパートナーと幸せになりましょう。

2018年7月吉日

運命カウンセラー　丸井 章夫

Contents

運命のパートナーを引き寄せたいなら
ノートの神さまにお願いしなさい

Chapter 1
ノートの神さまにお願いすれば、運命のパートナーは引き寄せられる

Contents
もくじ

Chapter 3 運命のパートナーを射止める「キューピット・ノート」

Contents
もくじ

Chapter 5 恋愛運・結婚運が面白いほど上がるノートの習慣

Chapter 6 恋愛・結婚ケース別！幸運になるノートの書き方

Chapter 7 ノートの神さまに愛される方法

◆Special Contents

Chapter 1

ノートの神さまにお願いすれば、運命のパートナーは引き寄せられる

成功している人は例外なく、ノートを書いていた

私は**運命カウンセラー**として、これまで25年以上にわたり、3万人以上の運命を鑑定してきました。

3万人以上の運命鑑定をしてきたなかで、お客さまの**「あるもの」**がとても気になっていました。

その「あるもの」を持ってセッションに臨むお客さまは、なぜか、成功してしまうのです。

たとえば、**サラリーマンにもかかわらず本を出版**していたり、**数年で売上が倍増している会社の社長さん**だったり、**株式投資で大儲け**していたり、それ以外にも、その「あるもの」を持参する人は、**高い確率で成功している**のです。

その「あるもの」――。
それは――

「ノート」

だったのです。

逆に、
「子どもが大きくなって、これから仕事をしたいのですが、何の仕事をしたらいいか全くわかりません」という女性や、「急にリストラされて、もうどうしていいかわからないです……」と50歳になってリストラされた男性など、人生がうまくいかない人は、みんなノートを持っていませんでした。

25年3万人以上の運命を鑑定してきて確信していることがあります。
それは、

「ノートを日頃から持ち歩き活用している人は成功する運命にある！」

ということです。

なぜ、ノートを持ち歩く人が成功するのか？

それは絶えず、ノートに記録するからです。

記録すると、余計な情報が脳に残らずスッキリしますし、**書くことによって、「気づき」がたくさん生まれて**、何らかの問題解決になることが多いのです。

それと同時に、自分の望みや欲しいもの、やりたいことがハッキリするようになるので、**天から送られてくる「幸運のサイン」**や、**目に見えない「チャンス」**に敏感になり、すぐに見つけられるようになります。

「幸運のサイン」や「チャンス」を引き寄せられる体質になるから、夢や願望を叶えられることが多くなるのです。

かくいう私も、**ノートのパワー**を、子どものころから知っていました。

ノートに書くことで「気づき」が生まれ、「幸運のサイン」や「チャンス」が増えることを、『3年日記』を毎日書いていた祖父に、口酸っぱいほど聞かされていましたし、前著『幸運を引き寄せたいなら ノートの神さまにお願いしなさい』でもお伝えしたように、**ノートのすごいエネルギー**をあらゆる場面で恐ろしいほど実感していたからです。

そういうこともあって、どこに行くときでも、ノートを肌身離さず持参するようになったのです。

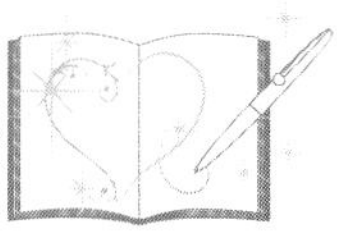

ノートの神さまのサインはいつも「ひらめき」

あなたは、

「ノートには神さまが住んでいる」

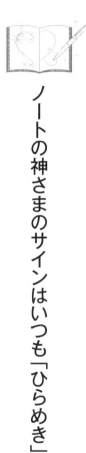

ということを知っていますか？

この世の中には「野球の神さま」もいれば、「ありがとうの神さま」もいれば、「水泳の神さま」も「神社の神さま」も存在していると言います。

この日本は「八百万《やおよろず》の神さまたち」がいらっしゃるとも言われています。

その中に「ノートの神さま」もいらっしゃり、その神さまはいつも、**あなたが幸せになるための「ヒント」を教えたがっているのです。**

実はそのヒントを皆に平等に、「ノートの神さま」は与えているのです。

そのヒントを受け取るのは、そのヒト次第というのですから、良いものを受け取りたいですよね。

受け取りの合図は、他人からの触発だったり、脳裏に浮かぶ「ひらめき」です。

そして、人生がうまくいく人は、ノートの神さまからの「ひらめき」のサインをしっかりと受け取ることができます。

ノートの神さまは、あなたがその「ひらめき」を得た瞬間に、満面の笑みを浮かべているのです。

ノートに書くことで理想の恋愛や結婚が現実化する

私はこれまで長年、セミナーや本を通じて、「開運ノート術」という、**自分の夢や希望を叶えたり、恋愛運・結婚運をグングン上げる**ノートの書き方を教えてきました。北は北海道、南は沖縄に至るまで多くの受講者がおり、**私もノートを書き続けて夢を次々と叶えてきました。**

私が長年勤めていた会社は設計開発の会社でした。私は総務・人事の仕事をしていましたが、在籍している社員の9割以上は技術者で機械設計の部署ではCADで図面を描いているわけです。彼らの図面を見るたびに、これが実際の製品になっていくんだ！　とワクワクした思い出があります。

二次元の紙に描いたものが、出力された製品として三次元の現実になる――。

易経《えききょう》に「一は二を生み、三は万物を生む」というフレーズがあります。このフレー

ズが、何やら**二次元の紙やノートから三次元の現実がつくられる**ことにつながってい
るように思えます。

私はこれを勝手に**「次元上昇の原理」**と名付けて、ますますノートづくりにいそし
んで未来のイメージづくりをしているというわけです。

これは恋愛・結婚で、ノートを書くときも同じです。

恋愛・結婚できる方は、その「気概」＝「良い恋愛・結婚をしたい！という〝念〟が強くあります。「気概」がわかりにくいということでしたら、「気合い」とでも言い換えていいのかもしれません。

恋愛・結婚に限らず、「気概」がある人は仕事でも何でも結果を残していきます。

それはいわゆる「執念」に近いものがありますが、「執念」がない人に比べたら、目的意識が高く、やりきる力を持っています。

実はその**「気概」「執念」を持つ方法のひとつが、ノートを継続的に書くこと**なのです。

ノートに自分の願望を何度も何度も書くことで、目的意識が明確になり、良い意味

で執着心が生まれます。

ですので、ノートを軽く見て重んじない方は、ノートを継続的に書いている方にはかなわないのです。

ノートを書くことで、**自分の「願望」を脳内だけでなく、外部（ノート）に表記してハッキリさせることができます。**そうすることで、「願望」に意識を集中することができるのです。

人の**顕在意識**（3～10パーセントを占める）は、「表面意識」とか「自覚している意識」とか「自覚していない意識」と呼ばれています。それに対して**潜在意識**（90～97パーセントを占める）は、「無意識」とか「自覚していない意識」と呼ばれています。

ノートに夢や願いを書くことで、97パーセントの力を持つ「潜在意識」に「夢」や「願い」を刻み込むことができます。

潜在意識は人の心理や行動に大きな影響を与えていますので、潜在意識に夢や願いがハッキリと刻み込まれるとその夢や願いは現実化し始めるのです。

人は誰でも幸せな恋愛、結婚ができる

私が運命カウンセラーとして、25年3万人以上の方々の運命鑑定をしてきてわかったこと、それは、

「人は誰でも幸せな恋愛、結婚ができる」

ということです。

あなたの周囲をジックリと見渡してみてください。幸せそうなカップル、仲睦まじいご夫婦など、けっこうな数いることに気が付くでしょう。そうなのです。**人は例外なく良い縁をつかみバラ色の人生を歩むことができる**のです。

私は、**「1%の法則」**と世の中を総括していますが、何でもかんでも「１％」の人は興味を持ってくれるという持論があります。たとえば同じ学年に１００名の同級生がいれば、Ａ子さんに最低１名以上は好意を持ってくれるのです。

極端な表現になりますが、**Ａ子さんがどんな容姿であれ、どんな性格であれ、100人もいれば、必ず誰かが興味を持ってくれる**のです。

学年に３００人もいれば、あなたに好意を持ってくれる人が、最低３人は現れる嬉しい計算になります。


ですから、必ずあなたにも運命のパートナーは現れます。

その手助けをするのが、本書でこれから紹介するノートなのです。

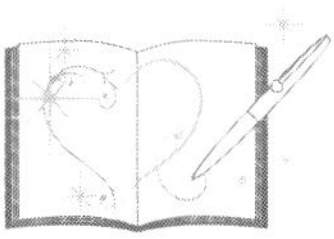

この世はすべて〝縁〟がある

幸せな恋愛、結婚を実現する「縁結びノート」。そして「縁結び旅行」。

霊験あらたかな出雲大社の功徳《くどく》のように、大いに効いて誰でも幸せになれる「３つのノートの書き方」をこの本では紹介していきます。ぜひ、内容をしっかり読み込んでこの「縁結びノート」を自分の財産としていただければ幸いです。

もし今パートナーがいないあなたは、「最愛の人」と結ばれるために、今まで結ばれなかったのかもしれません。

あなたが次に選択する最善手は、恋愛の知識を高めることでもなく、自分探しでもなく、ただ「旅に出る」ことなのです。そして、これから本書で紹介する「縁結びノートを書く」たったこれだけのことなのです。

あなたは**「運命」**を信じますか？

私は運命を信じて生きてきました。だからこそ運命カウンセラーを長年つとめられていると確信しています。

「この世はすべてに〝縁〟がある」と言われています。人はそもそも〝親子の縁〟が最初であり、誰にでも運命が存在し、誰にでも結ばれるべきこの「縁結び」。うまくいけばいくほど、あなたの幸せ度はアップします。

ですので、「縁結び」を手助けする「縁結びノート」の書き方を知っておくと、とても重宝するのです。

ノートで、運命のパートナーを引き寄せる人続出！

実は、前著『幸運を引き寄せたいなら ノートの神さまにお願いしなさい』を読まれたり、私が東京、大阪、名古屋で主催している開運ノート術セミナーに参加された方から、**たくさんの声**をいただいています。

少し長くなりますが、ほんの一部をご紹介しましょう。

「ノートを書き始めてから大きく3つの願いが叶いました。

29歳 結婚／30歳 転職／31歳 出産

結婚相手も譲れない条件を具体的に書いていましたので、**自分に合った旦那さま**が見つかりました。

最初は失恋や人間関係に病んでいましたので、すがる思いで実践しましたが、**今は**

願いをノートに書いていることが叶うと思うとワクワクして楽しいです」

「ノートに**自分の理想のパートナー像**を書きました。〝お互いに想い合える人〟〝人生でやりたいことが自分と同じである人〟〝心が綺麗な人〟〝目指す方向が同じ人〟などたくさんの理想を並べました。さらに……〝ビジネスもプライベートも共にできて、心から信頼できる人に出会いました。ありがとうございます！〟と、**すでに願いが叶ったことを想定した文章**をノートに書きました。

そして驚くことに、**ノートに書いてからすぐに、ノートに書いた通りの理想の男性が現れた**のです。あまりにも自分の思った通りの人で、**びっくりしました**。そして、お付き合いするようになり、本当に幸せな日々を過ごしています。

彼は、私にとって、**ビジネスの場でもプライベートの場でも、かけがえのない存在**です。将来、世界中の貧しい国に学校を作り、子どもたちが学べる環境を作ることが、私たち2人の大きな夢です。これからもずっと、**パートナーと一緒に夢を叶えていく**つもりです！」

「先生にご報告とお礼があります。実は、私は**男性に対してブロック**があり、恋愛のセミナーを申し込んだのも先生にお会いしたいからという理由だけで参加したのですが、隣に男性が座られてとっても、嫌でしたが(^^;

講座でお聞きしたことなどアファメーションしたりしておりましたら、**なんと9歳も年下の彼ができました。マグネット・ノートに書いた6個あてはまる男性に……。**先生に一言お礼が言いたくて。感謝しております」

「(ノートの)一番最初のページに〝私は、平成◯年◯月◯日、2人の子どもに囲まれて穏やかな日々を過ごしています。長女は新しく幼稚園に入園し、下の子どもと一緒に趣味や子育てを充実させ〟までがセミナーで書いた内容です。やや時期はズレていますが、2月に妊娠し、長女は幼稚園にも通うことになりました。

そして、**毎月、新月の日に妊娠に関する願い事をしました。**初めのうちは、妊娠の願い事の中に、〝とても幸せな気持ちでいっぱいです。夫と子ども2人に囲まれた楽しい家庭を作り〟など、色々書いていたんですが、8月くらいからは、〝平成◯年生まれの子どもを妊娠しました〟〝第二子を妊娠しました〟と簡潔な内容が何カ月か続き、妊娠に至りました。どうも私は、日記のように色々書くのは苦手なようで、簡潔に書くほうが向いていたようです」

「今は**すごく良い人に出会えて、付き合って8カ月になります。**昨年元彼と別れてから、ノートに〝今年中に、思いやりがあって優しくて人の気持ちを考えてくれて、連絡をまめにしてくれて、出かけるのが好きで男前で身長が170センチ以上あって、おしゃれでお互いを大事にしあえる人と出会って付き合うことができました。幸せな状態で24歳を迎えることができました〟とお願いしました。

中身、外見、付き合い方の理想を書き続けて、出会いの場にも積極的に行くようにしました。そしたら本当にノートに書いた通りの人に出会えて付き合うことができました。

今の彼と結婚したくて、ノートに〝今年の誕生日12月にプロポーズしてくれて◯年8月に入籍しました。◯年に彼との子どもを授かり家庭を持つ夢が叶いました〟とお願いしてます。そしたら、**先生におっしゃっていただいたプロポーズされる時期や、結婚する時期などノートに書いていた通りの年月とぴったり同じだったのにはびっく**

り！！しました。

もともとネガティブな考え方をして自分の中で苦しむことが多かったですが、**ノートに書くことで自分の気持ちとも向き合い、気持ちの整理ができるので、すごく前向きに考えられるようになり、叶うような気がしてくるパワーがある**ので、今では**お守り**のようになってます」

「○年8月に今の**主人と出会い、**その年10月には**新居へ引っ越して**同年12月に**入籍、**翌年6月に家族のみで**挙式、**同11月に友人を招いての**ウエディングパーティー**をしました。

ノートに理想を書いて、似たような人が引き寄せられたらラッキー！くらいな気持ちで書いていたら、ほぼ、（年収以外？笑笑）ぴったりの人が現れ、**仲良くなり方や、両親との関係、仲間からの祝福もすべてノートに書いた通りの流れで進みました。**現在は、主人も**昇進**し、私も**転職**を控え、**世帯年収も希望へ近づいている**ところです」

「夢が叶ったこと本当にまるちゃん先生のおかげと思っていまして、メールしました。ノートには、〝優しくて、お互いの両親を大切にしてくれて、お金に困ることなく生きていける人と出会って結婚した〟のようなことを書いていました。本当に**わたしの父母も大切にしてくれる、優しい人**に会えて、経済的には今のところは大丈夫です。いついつまでに、というのは何度か過ぎましたが、願いは、叶いました。

また、まるちゃん先生にアドバイスいただいた南東のニュージーランドに新婚旅行に行きたいなぁと思って、でも遠いし高いし会社もあるし難しいかなと思っていました。でも、ノートに、**〝ニュージーランドへ新婚旅行に行った、楽しかった〟**と書いていましたら、実現しました。本当にノートの神さまはいらっしゃるんだと思っています」

「昔からやっていたんですが。私、今思えば手帳やノートにお願いとは思わなくて書いていました。帰国後主人と出会ったこと！　バブル時代、友達夫婦が日産のシーマに乗っていて。格好良い車だなぁ〜ってね。

それでノートの神さまに**〝年齢、土地付、両親との同居はOK！　シーマまではいかなくても高級車に乗っていたらいいなぁ〜〟**そんな感じで書いていました。

主人がお見合い？の日にシーマに乗って来ました（笑）。そして、**家**を建てるために**土地を購入**したばかりでした。9月16日頃に出逢って、10月18日に**結納**でした」

いかがでしょうか？　これはほんの一部で、これ以外にもノートのすごいパワーに対する感想を山のようにいただいています。

毎日のように届くこのような感想を拝見しては、満面の笑みになる私なのです。

そう、ノートの神さまにお願いすれば、「運命のパートナー」はもちろん、いろいろなものを強力に引き寄せることができるのです。

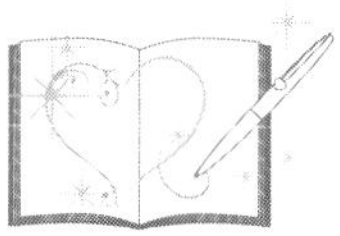

「運命のパートナー」はあなたにもいる

「運命のパートナー」とは、どのような人でしょうか？

「運命のパートナー」はあなたが生まれる前から、お互いを求めてきた運命的な異性です。

そう、あなたに会うために生まれてきた約束されたパートナーなのです。一緒にいて何らかの**運命的なスイッチ**が入り、人生が発展的に伸びていく相手、そんな素敵な**唯一無二の存在**——それが運命のパートナーです。

たとえば、ビートルズの中心人物であった**ジョン・レノンさん**と、その妻である**オノ・ヨーコさん**は１９６６年11月にロンドンで出会いました。オノ・ヨーコさんの個展に偶然入場したジョンが、ハシゴを昇った上に下げられた虫眼鏡で、天井に書かれた「ＹＥＳ」の文字を読むという作品に惹かれたのがきっかけ。運命的な出会いと呼んでよいでしょう。

時代は14世紀、高麗《こうらい》の貧しい一家に育ち、捧げものとしての献女として強国・元《げん》に向かった人物がいました。この女性こそが元の最後の皇帝となる**トゴン・テムル**と運命的に結ばれた**奇皇后**《きこうごう》。当時、元の属国であった高麗の女性が中国（モンゴル）の皇后になったのは後にも先にもこの奇皇后ただ一人。まさに運命が皇后になるように導いていたのでしょう。

また、中国・清《しん》末期の**西太后**《せいたいこう》は、清王朝の最後の輝きと言われる人物。西太后は幼少の頃、運命的な体験をします。

それは何かといえば、本来届くはずのなかった大金が入った封書が、郵便配達員のミスにより間違って手元に届けられる、という幸運なハプニングです。その大金を使って教育を受け、その後宮中《きゅうちゅう》入りを果たし后《きさき》となって宮廷《きゅうてい》の絶大な権力を握りました。まさに運命がそこにあったのです。

ここまで劇的でないにしても、**運命に手繰り寄せられたように結ばれるカップル**というものは耳にするものです。また私のクライアントからもそのような報告を数多く受けています。

私自身も、**不思議な運命の巡り合わせで結婚しました。**結婚相手である今の妻とは偶然、旅行先が一緒で（つまり同じツアーを選んで）行き先のニュージーランドで知り合って、**旅行から1年後に結婚することになった**のです。

この本を読んでいるあなたにも、「運命のパートナー」は存在します。**そのパートナーと一緒になるためにあなたは生まれてきた**のです。

そのときに本書でこれから紹介する「縁結びノート」が役立つのです。

やっぱりスゴイ！「運命の化学反応」が起こる瞬間

運命のパートナーに出会うと、あなたの人生は変わります。

先ほど例に挙げたジョン・レノンさんとオノ・ヨーコさんの場合は、オノ・ヨーコさんが日本人であったこともあって当時、日本で大きく報道されましたが、２人の出会いは、２人だけでなく、ビートルズの活動や世界の平和活動、名曲「イマジン」の成り立ちにも強い影響を与えたと言えるでしょう。

運命のパートナーと出会ってしまうと、特有の**「運命の化学反応」が起きる**傾向があるのです。

昨年（２０１７年）亡くなられた**サッチーこと野村沙知代さん**と、プロ野球選手でその後、南海ホークス、ヤクルト、阪神、東北楽天の監督を歴任した**野村克也さん**の２人の生涯も、お互いに運命のパートナーであったと思わざるを得ません。

野村元監督が野球選手を引退したあと、精力的に講演活動に方向性を見出して実際にマネジメントまでしたのが沙知代さんであったことを後の報道で知り、「これを運命のパートナーと呼ばずに誰を言おう」と思ったくらいでした。

夫婦は苦楽を共にするわけですが、その関係性の中でお互いか、ある一方を盛り立てていくというのも運命です。

現代では生涯で1人の人と苦楽を共にするというのは絶対ではなくなりましたが、生涯で10回も結婚する方は少数派でしょう。そう考えると、そもそも**結婚を意識するレベルの異性は「運命のパートナー候補」**であり、当然ながら大切にすべき存在だということがわかります。

運命のパートナーは決まっている！

では、どのように「運命のパートナー」に出会えばいいのでしょうか？

あなたは驚かれるかもしれませんが、実は「運命のパートナー」は決まっています。

これは精度が高く、的中率が高い占いで確認することができます。

私であれば、**「ホロスコープ（西洋占星術）」**をつくって「あなたの運命の人はこういうタイプの人ですよ」という話をします。

ホロスコープは、生年月日、出生時刻それから出生時の都道府県がわかれば出すことができ、ネットでも出せます。


ホロスコープの一部である**「7ハウス」**が**結婚運、対人関係の場所**なので、そこを見ることで主に**結婚相手**のことがわかります。

具体的には「7ハウス」にどんな星が入っているかによって、あなたの結婚運や、どんな人と結婚するのかの判断ができます。

たとえば「7ハウス」に**「太陽」**が入っているとすごく頼もしい人、**「火星」**が入っていると元気でパワフルな人、**「海王星」**が入っていると癒し系のムードが漂っている人、**「月」**だと人気者の人や年下の人、**「金星」**が入っていれば、綺麗な人、可愛い人、イケメンでとても格好良い人、と結婚しやすい傾向があります。

もしも「7ハウス」に星が何も入っていなかったら、そこの星座の**「主星」**を調べます。たとえば「7ハウス」が「おひつじ座」で星が何も入ってなかったら、おひつじ座の主星は火星ですので、活発な人やスポーツ好きの人の可能性が高いのです。

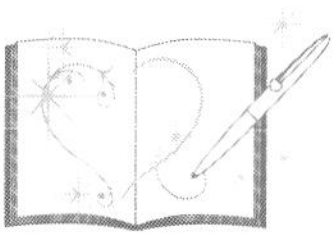

「玉の輿」できるかどうかわかるカンタンな方法

世界にはさまざまな占いがありますが、たとえば、手相の場合で簡単に言うと、**「結婚線」**の先端が上がっていると、結婚運が素晴らしいです。**結婚線は小指の下の辺りにあります**が、これが上がっている人は少数ながら確実にいらっしゃいます。

結婚線で大吉相は、結婚線が上がっている人や結婚線が1本の人です。結婚線が1本の人は、恋愛経験が少なくても結婚して1人の人と上手に過ごしていける人生が待っています（**「左右どちらの手相を見ればいいか」**ということをよく聞かれますが、**右手は後天的な経験**を示し、**左手はご先祖様からの影響である先天性の気質**を示すものだと覚えておくといいでしょう）。

また**「玉の輿《たまのこし》線」**という超ラッキーな線を持っている方もいるものです。結婚線が長く伸びて、薬指のつけ根から下に向かって伸びる**「太陽線」**と交わるのが「玉の輿線」です。ピタッと太陽線とくっつかなくてもいいのです。太陽線を通り過ぎてもいいのです。太陽線に少し結婚線が届かなくてもその近辺にあると、これは将来、玉の輿になるものです。

男性の手相に出現していたら、いわゆる**「逆玉」（逆玉の輿）の〝相〟**となります。

その他、**「アストロ風水マップ」**という鑑定法で、運命のパートナーがどこに住んでいるのか、あるいは出身地はどこなのかなどがわかります。

たとえば、先ほどのジョン・レノンさんとオノ・ヨーコさんの場合には、２人が運命のパートナーであることを暗示するかのように、ジョン・レノンさんの「アストロ風水マップ」には**東京に官能と愛情の星の金星**が通り、オノ・ヨーコさんの「アストロ風水マップ」には**ロンドンに同じく金星ライン**が通っています。

このように、さまざまな占いを通じて、運命のパートナーを予測することが可能なのです。

運命のパートナーとは「赤い糸」で結ばれている

「〝赤い糸〟のことは知っていますか?」

あるセミナーで会場の皆さんに質問したところ、なんと全員がその言葉を知っていました。

〝赤い糸〟は、中国発でアジアに伝えられ広まっている、人と人を結ぶ伝説です。

中国では、李復言《りふくげん》の書いた故事の**『続幽怪録《ぞくげんかいろく》』**に出てくる**足首に結ぶ赤い縄が由来**とされています。

唐の時代、韋固《いこ》という男がいました。旅の途中で宿を探している最中にとても不思議な老人と出会ったのです。その老人はなぜか大きな袋を横に置き読書をしていたそうです。韋固は、袋の中身がとても気になって老人に見せてもらうと、なぜか中には赤い縄が入っていました。そして老人はおもむろに言いました。

「この赤い縄を男女の足首に結ぶと、たとえどんなに遠くに生まれて、育った環境が違うとて、2人は必ず結婚する運命になる」

韋固は独り身だったので興味が湧き、自身の未来の妻がどこに住んでいるのかを老人に尋ねると、この町で野菜を売っている老婆の家にいる3歳の赤子であると断言しました。にわかに信じられない話を耳にした韋固でしたが、年月を経て、それから14年後に結婚した相手こそ、老人の言っていた女性だったのです。

この逸話から**未来に結婚する相手はすでに赤い糸で結ばれていて、その運命は最初から決定している**のだと伝えられています。この不思議な話が広まっていくうちに結ぶ場所が、足首から小指に変わっていったと言われています。

日本では『**古事記**』の中で三輪《みわ》山のくだりに〝赤い糸〟について記述があります。紀元前97年〜紀元前30年頃の崇神天皇《すじんてんのう》の時代に**活玉《いくたま》依毘売《よりびめ》**という大変美しい女性がいました。

その女性に会いに毎晩のように通ってくる男性がいて、しっかりした体格でよく映える人物でしたが、いつも夕方暗がりになってから夜だけその女性のところに行き、夜が明ける前に帰ってしまうので男性の顔を見ることはありませんでした。

その男性と会っていた活玉依毘売が、そのあと間もなく妊娠したのですが、両親は娘の妊娠に大変驚き、相手が誰なのか問いつめました。

娘は「名前も何も明かしてくれないが、体格がとても立派な男が来て、夜明けにいなくなってしまう」と説明しました。

話を聞いた両親が心底心配して「その男性がやって来たら、寝室の前に赤い土をまきなさい。そして糸を通した針を服に刺しておきなさい。その糸をたどれば住んでいる場所がわかるに違いない」と言って、娘はその言葉を実行したのです。

結果、その男性が朝、帰ったあとにその糸をずっとたどっていくと**三輪大社**《みわたいしゃ》に行き着いたので、男性が三輪の神さまである**大物主神**《おおものぬしのかみ》なのではないかと悟ったのです。

実は昔、**赤い土には、魔を防いで相手を特定してくれる不思議な力がある**とされていました。その赤い土が付いた糸が〝運命の赤い糸〟を想起させ、運命の人を導いてくれると信じられるようになったようです。

そして**三輪山伝説**によって赤い糸が広まり、結婚の際に契《ちぎ》りを意味すると言われるお互いの小指に赤い糸を結ぶのが流行したことによって、現在でも運命の出会いを赤い糸で表現しています。

赤い糸は、あなたとご縁がある「運命のパートナー」と結ばれています。その数はどれぐらいあるのか、目に見えないので数えることはできませんが、生涯で30本ほどあると聞いたことがあります。

手相的な観点から言うと、運命のパートナーと結ばれる、つまり結婚する可能性があるのは1〜4人。これは**結婚線の数**でわかります。

結婚線が1本であれば交際する人数はあまり多くないけれども、運命的な出会いがあってそれに気が付いてその運命の人とゴールインします。

結婚線が2本ある人はこれまでの私の経験上、8割の人たちが2回、結婚していいます。つまり一度は離婚して、再婚する傾向があります。

結婚線が3本の方は先ほどの流れから3回結婚するのかな？　と思われるかもしれ

ませんが、それが不思議なもので結婚の回数ではなかったのです。**結婚線が3本、4本の人は、なぜか結婚の回数は一度が多い**ものです。

運命の人なのか識別する方法

さて、赤い糸は運命のパートナーと結ばれているというように、あなたの周囲でも偶然知り合った男女が結婚につながった例がたくさんあることでしょう。

とはいえ、**「自分にとってその人が本当にいいのか（運命のパートナーなのか）どうか」**、確信が持てない人も多いことでしょう。

これ、実は鑑定でもよく質問されます。

運命のパートナーかどうか？

それを見極めるのはカンタンです。

お付き合いしてるときでも、お付き合いする前でもいいのですが、**偶然の一致**とか**シンクロニシティ**に匹敵するものでわかるのです。

たとえば、その人と連絡をとろうとすると、**何か邪魔が入る**ようなことが何回も続くとか、その人のことを考えたときに**苦手な〝虫〟がちょうど出てくる**とか、その人と付き合い出してから、**電化製品の故障**が続いているとか、これは**「外応《がいおう》」**という現象占いのひとつです。

どんな鈍感な人でも10回くらいひどいことがあったら、そこでやめておこうと思うでしょうし、そのまま進めていっても良いことはないのです。

逆に、付き合いはじめたとき、友達から、「こういう人だよ」「良いんじゃない」「その人あなたにぴったりだよ」というようなことを3人から言われたら、その人はかなりの確率で運命のパートナー候補の1人です。

このように、**運命のパートナーなのかどうかは、環境が勝手に教えてくれます**ので、あまり立ち止まったり、悩んだりしなくていいのです。恋愛を進めていくうちに自然と判明してきますし、障害がなければ、お付き合いして、結婚に至ることができるからです。

運命のパートナーとの出会いは、強烈な印象のものもあれば、最初は空気のような感覚で相手がいたかいなかったのか、わからないくらいのスタートのものもあります。

どちらにしても、必ず言えることは、**何回目かの出会いで「運命のスイッチ」が入る**ということ。

その瞬間、「この人が私にとって運命の人かもしれない！」と**魂が覚醒する**のです。

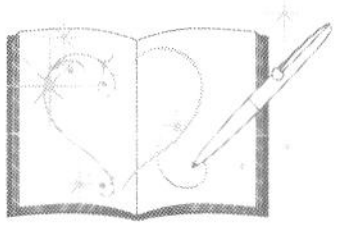

どのような人が恋愛対象、結婚対象になるのか？

では、どのような異性が良い恋愛対象や結婚対象になり、運命のパートナーになり得るのでしょうか――。

前著『幸運を引き寄せたいなら ノートの神さまにお願いしなさい』には、以下のように4つ書きました。

①お互いを尊重し合い、高め合える人が良い
②生理的に許せる人（隣に座って違和感がないこと）が良い
③運気が良いと思える人が良い
④占いの相性にとらわれ過ぎず相手選びをすること

1番目に、**お互いを大事にできるような感覚を持っている人**を選択すると良いでしょう。

夫婦というものは基本的に支え合うもの。仮に一方が調子が悪い状態であれば、もう一方がごく自然にフォローできれば、関係もうまくいくものです。もちろん、それ以前のお互いの信頼関係があってのことです。

2番目に、**「生理的に許せる人」**が大切です。すごく良い人なんだけど、隣に座ると悪寒が走り、ゾワゾワするという相手は、もしかしたら**前世の悪縁**の人かもしれま

せん。戦国時代に切った切られたとか、切腹させられたとか、そういう人が近くにいるとそのように感じる人もいるようです。異性として魅力を感じるのでしょうが、こういう人といると息苦しくなっちゃうのも確かです。雰囲気はとても良いんだけど、生理的に無理という人だって存在します。

そういう人とは結婚しても幸せになることは難しいのでおすすめしません。

3番目も重要です。

運が良いのか悪いのか、どこで見極めるか。

ここ一番のときに普通にできている人は、だいたい運が良いです。

逆に、**大事な場面ですごい失敗をする人**は、あまり運が良くないです。

たとえば両家が会うときに前日から高熱が出て、顔合わせができなかった。これは相当、運が悪いです。

運が悪い人は、そもそも意中の人にプロポーズもできないかもしれません。たとえば、プロポーズしようと思った当日に捻挫してしまい、プロポーズできなかったという人も過去の鑑定でいらっしゃいます。

仕事でも、大事なところでものすごい失敗をする人は、運があまり良くないです。「ここ一番」がけっこう大事なのです。

それ以外にも、両者をどう見分けるか、を見ていきましょう。

運が良い人、悪い人の見分け方

運が良い人と運の悪い人を見分けるには、いくつかのポイントがありますが、簡単に見分ける方法としては以下の4点をおすすめします。

(1) 明るい雰囲気か、暗い雰囲気か

見分け方としてはこれが一番わかりやすいと思います。雰囲気というのは如実にその人を表してくれます。会社や学校でも、明るい雰囲気を持っている人のまわりには、休憩時間なども多くの社員やクラスメイトが集まって輪になることでしょう。「明る

い」＝「魅力的」なのです。

運が良い人は明るく発展的なことが好きです。運の悪い人は暗く退廃的で消極的なことが好きです。

運が良い人は周囲の平和や発展を第一に考えて行動します。運の悪い人は不平、不満、批判、愚痴が多く、何かあるとすぐに他人のせいにする傾向があります。

(2) プラス思考の言葉が多いか、マイナス思考の言葉が多いか

これは言い換えれば「口が悪いか、悪くないか」で判断することができます。

おおかた「口が悪い」人は会社では特定の人を批判し、家では家族の悪口を言っています。また、「絶対にできっこない」「やる前から勝敗が決まっている。やるだけ無駄」など、**マイナス思考の言葉が多い人は運が悪い人**です。

その一方で「これはうまくいきそうだ」「やってやれないことはない」など、**プラス思考の言葉が多い人は運が良い人**です。

たとえば、大変な事象があったときに、「なんとかしていこう」と前向きに言える人は運が良い思考を持っていると言ってよいでしょう。

（3）人からの評判

その人物の人からの評判を知っておくにこしたことはありません。

少し過度な表現かもしれませんが、**男女にかかわらず、人から過度に恨まれていないかどうかを見てください。**運が良い人は公明正大で人望があり、人から恨まれることは滅多にありません。運が悪い人は自己中心的で、人を蹴落としたり、人の評価や評判を下げることに一生懸命で、評判が悪いことが多いといえます。

また、運の悪い人はいつも文句の種を探しています。よく虚偽の言動をしたり、人と人を喧嘩させて喜んだりする人も同様に運の悪い人です。

（4）ここ一番のチャンスに成功するか、失敗するか

人には「ここ一番のチャンス」と言える機会に遭遇することがあります。それは重要な仕事であったり、意中の異性に出会ったりなど人それぞれですが、そうした**チャンスをモノにできるかどうかで、運の強弱**がわかります。

先ほどもお伝えしたように、運が良い人はここ一番のチャンスをモノにして成功しますが、運の悪い人はミスをして失敗します。

絶えずここ一番のチャンスに成功してきた人は、また何かのチャンスに成功する確率が高いといえます。逆に、ここ一番のチャンスに失敗してきた人は、今度もチャンスを逃がす確率が高いといえます。

ただし、この（4）は時間をかけないと判断しづらいので、**過去の噂**などを参考にしてみるとよいかと思います。

また、俗に「運が良い」人は、いろいろな書物や鑑定をしているとこのような人のことを言うのだ！ というのが見えてきました。

それは**素直な人**のことです。

しかも、ただの素直ではありません。とても素直な方のことを言います。

運というのは本当にちょっとしたことで変わる要素があるのですが、たとえば、本屋さんで立ち読みした本の内容がわかりやすく、これは運が良くなりそうだ！ と早速、日常生活に取り入れる方は、簡単に言うと成功します。

結局、何事も**実践することが成功のもと**ということなのです。

逆に言えば、あれもこれもやろうと思うと、集中できなくて混乱して前に進めないのです。素直な人ほどひとつのことをじっくり辛抱してやれるのでしょう。

運の良い人の口ぐせはこの言葉、「はい！」です。そうです、イエスです。

運がいまひとつの人は、この「はい！」が言えません。

何かにつけて文句を言うのは、結局、言われたほうが感情的になってしまう傾向があるので、あまり文句は言わないに越したことはありません。

私なども、どうしても言わないといけないときは文句は言いますが、基本的に、素直に「はい！」と言い続けたいタイプです。

恋人でも夫婦でも、この「はい！」を忘れているからその関係がうまく行かなくなるのです。

文句ばかり言う男性、女性それぞれ、振られてしまう大きな原因です。

素直な人は運が良いと言いますが、長年、たくさんの方々を見ていますが、結局のところ、「はい！」と素直に言えるかどうかです。

「はい！」と言える人は男女問わず、可愛い気がある人が多いものです。

「相性」を見るときにはココに気をつけなさい

4番目は**「相性」**です。長年の鑑定経験から、たしかに「相性」はあります。九星気学、アストロ風水マップなどさまざまな占いで相性を見ることができます。ただし、相性を見るときは**占いだけではなく、その人といて、何が起こったか、長く続けてこれたか、など冷静に考えてみる**ことをおすすめします。

実際に付き合ってみて、お互い「これから一緒にいて幸せになれそうだ」と感じていたら、それは本当に「相性」が良いのでしょうし、夫婦でも恋人でも仕事のパートナーでも「長く続く」というものです。いつもケンカしていても長く続いていれば、それは相性が良いからこそのご縁なのです。

逆に、相性が悪いと、関係が短く終わる傾向があります。数カ月とか短い期間、盛り上がっても、何かあるとすぐに冷める関係がこれです。

Chapter 2

運命のパートナーを引き寄せる「マグネット・ノート」

運命のパートナーを引き寄せる 強力な「3つのノート」

前著『幸運を引き寄せたいなら ノートの神さまにお願いしなさい』でご紹介した3つのノート「ドリーム・ノート」「ギフト・ノート」「ソリューション・ノート」の効果については、さまざまな方から反響がありました。

この3つのノートは人生を切り開くうえで必須の総合ビタミン剤のようなものだと理解してください。

お医者さんは、それぞれの部位に効果的に効く薬を処方してくれます。

恋愛・結婚に関しては、**愛情全般に効く専門の「ノートの神さま」が存在する**ということなんです。

神社仏閣でいえば、総合運は三重県伊勢市にあります伊勢神宮の外宮・内宮に他なりません。

一方で、**愛情運**でまさに用途別と考えれば、その筆頭は**島根県の出雲大社**です。

恋人が欲しかったり、配偶者をゲットしたいなら、伊勢神宮ではなくて、遠方ではありますが、出雲大社に参拝に行くのが良いのです。

前著で紹介した「ドリーム・ノート」だけでも願望系は事足りるのですが、専門分野の神さまがいるように**ノートも専門の神さまにお願いしてみると、より大きな効果があるの**です。

そこで本書では、**恋愛・結婚に特化したノート**である、**「マグネット・ノート」「キューピット・ノート」「アゲマン・ノート」**の3つのノートの書き方を紹介します。

まずは「マグネット・ノート」から行きましょう。

「マグネット・ノート」で、意中の相手を吸い寄せる

「マグネット・ノート」は恋愛や結婚を引き寄せます。

「マグネット」は、もうそのままマグネットで通じると思いますが「磁石」です。

皆さん自身が、丸でも四角でもいいのですが、強力な磁石だと思ってください。

そこに異性を引き寄せるためにどうしたらいいのか――。


まず、大事なのは**磁石の性質**です。磁石の周りにモノがたくさんあったりすると、モノを引き寄せる力が少なくなります。

たとえば、地面の落ち葉の上に磁石を置いてみる場面を想像してみてください。

本来であれば、すぐ近くにある磁気のあるものを引き寄せますが、落ち葉がたくさんあるとなかなかうまくいかないものです。

磁石の性能が圧倒的に良ければ引き寄せることは可能ですが、性能自体が良い状態でないと引き寄せられない――。

実は恋愛運や結婚運も同じことが言えます。

わかりやすく、皆さん自身を、高性能のマグネットというふうに考えてみてください。

皆さん自身の性能を良くする――。

一般的には**基礎体力**と呼ぶ項目です。たとえばプロ野球選手の大谷翔平選手は基礎体力があり能力が高いので、大リーグでも活躍しています。基礎体力をつけないとそもそも速いボールを投げられませんし、ボールが遠くに飛んでいきません。

恋愛面・結婚面で言えば、性能は人それぞれですが、**異性がなびく「人間的な魅力」があれば異性の引き寄せが始まります。**ただし、それだけでは弱いのです。

人間的な魅力さえあれば最高の恋愛、最高の結婚に絶対になっているかといえば、そうとは限らないのが現実なのです。

「引き寄せ運」――これが異性の引き寄せの決定的な必須アイテムなのです。

この「引き寄せ運」を上げるために、あなたに取り組んでほしいことがあります。

それは、**「自分がどんな人なのか」**まずこれを知らないといけないのです。

「自分がどのような人間なのか」「どういうことに興味・関心を持っているのか」「どんなポリシーを持って生きているのか」――そう、「自分自身を知り、現状を把握する」ことが大切なのです。

異性の引き寄せを急激に加速する「あるモノ」とは？

もうひとつ異性の引き寄せを加速するものがあります。

それは、その人の発する**「念力」**です。

念力が強い人は、願望も理想のパートナーもすごく引き寄せることができます。

わかりやすい例でいうと、絶対に**「あの人を射止めるんだ！」**と日夜思っている人と、「あの人とお付き合いしたいけど、どうせ私には無理だよなぁ……」と思っている人がいたとしましょう。

その場合、基本的には**念力が強い人が勝負に勝ちます。**念力が強いイコール意志、想念が強く執着できるからです。あっさりしている人は念力の強い人にはかなわないのです。

もちろん、恋愛には「駆け引き」という側面もありますので、さまざまな魅力がないといけませんが、**単純に相手を引き寄せるというだけであれば、念力が強かったら引き寄せられることになります。**

そして念力を強くするのに効果的なことが、**自分の想いをノートに書くこと**なのです。ノートに願望を継続的に書くことで、その願望へのこだわりを強くすることができます。

コレを書けば、運命のパートナーを引き寄せられる

運命のパートナーを引き寄せるために必要なもの。

それは「どのようなパートナーに、いつまでに現れてほしいか」をノートに大胆に書くことです。

前著『幸運を引き寄せたいならノートの神さまにお願いしなさい』では、3つのノートのうち、夢をかなえるために「ドリーム・ノート」を書くことを推奨しました。

恋愛・結婚で運命のパートナーを引き寄せたいときにも、この「ドリーム・ノート」が役立ちます。 それと合わせて、恋愛・結婚に特化した「マグネット・ノート」を日々書いていくことで、「引き寄せ運」はグングン上がっていきます。

まずは「ドリーム・ノート」の書き方からお伝えします。

「ドリーム・ノート」は、以下の点を心がけて書くと、叶いやすくなります。

①「完了形」か「現在進行形」で書く

〝～～さんと幸せな結婚ができました〟

夢や願いをノートに書くときは**「すでに叶った」**という前提の「完了形」または、**「今、叶えつつある」**という「現在進行形」で書くようにすることをおすすめしています。

具体的に言うと、文章の末尾の表現を、「私は夢を叶えた」（完了形）か、「私は夢を叶えつつある」（現在進行形）のように、すでに願いが叶った前提の完了形か現在進行形にするようにしましょう。

②叶えたい期日を決める

〝○年○月、～～さんと幸せな結婚ができました〟

期日を決めて書くと、いわゆる「締め切り効果」が発動し、ゴールをより強く意識することができます。

③感謝の心を添えて書く

〝素敵な～～さんとお付き合いできて、ありがとうございます〟

「ありがとうございます」という言葉は、感謝の言葉ですから、**ダイレクトに幸せになれる言霊**です。スピリチュアルに興味のある外国の方もそれを知っていて、わざわざ日本語でそのまま「アリガトウゴザイマス！」と何回も唱える人も多いそうです。

また、有名な実験で、水の入ったコップに「ありがとうございます」という言葉を書いて貼ったコップと、酷い言葉を書いた紙を貼ったコップを置いて1日経って水の結晶を見るというものがあります。「ありがとうございます」の水の結晶は、非常に綺麗な形だったのに対し、酷い言葉のほうはズタズタな結晶だったそうです。

考えてみてください。人間は7割が水分でできていると言われています。言葉が、どれほど体にも影響しているかわかるような気がします。

ですので、ノートにも常に良い言葉を書くのがいいのです。

④願いが叶って幸せなときの感情をイメージできる言葉で書く

〝素敵な彼にプロポーズされてドキドキ！　ＯＫと返事をして彼にお姫様抱っこされて未来がキラキラ輝いている！〟

願いが叶って幸せな瞬間、「嬉しい」「ドキドキする」「キラキラする」――あなたはどんな言葉を使って表現するでしょうか？　きっと感情を素直に表現される言葉を発するはずです。**感情をできるだけストレートにイメージできる言葉を使うといい**のです。

実業家の斎藤一人さんが女性に対してよく言われるアドバイスは「きらびやかなモノを装飾しなさい」と「ついている言葉を使いなさい」の2つだそうです。

これには「さすがだなぁ～」と思わざるを得ません。光るものを身につけていれば、外見が明るく見えます。外見が明るく見えるということは目立つということでもあり、運が良くなる秘訣でもあります。

2番目の「ついている言葉を使いなさい」もとても素晴らしく、**言葉は言霊（ことだま）とも言われているように、発する言葉によって運が左右されてくる**のです。

いつも明るい言葉を発している人には明るい素晴らしい運気がやってきます。

逆に、いつも暗い言葉ばかり発している人には暗くて退廃的な運気が訪れるのが常です。ですから、言葉はとても大切に扱う必要があるのです。

ノートに書くときも〝ついている言葉〟で書くのがいいのです。

⑤臨場感あふれる表現で書く

〝彼は、私の左手をとり、キラキラ輝くダイヤの指輪を、その薬指にはめてくれました〟

なぜ、臨場感あふれる表現で書くといいのでしょうか? それは詳細なイメージが湧いてくると、まるで**本当に目の前で起きているかのような錯覚を生むため潜在意識が受け入れてくれる**のです。

このように「ドリーム・ノート」に書くことで格段に叶いやすくなっていきます。

マグネット・ノートの書き方

それでは「マグネット・ノート」の書き方について詳しくお伝えしていきましょう。

「マグネット・ノート」に最初に書くのは、

「どんな人と付き合いたいか？（結婚したいか？）」

です。

ただお付き合いしたいとか、恋愛を楽しみたい、結婚したいと書くのではなく、「どんな人と～したい」というように、**「人」にスポットを当てて目標を書く**のです。

何事も目標が肝心です。目標が具体的であればあるほど、叶う確率は高くなります。

たとえば、スポーツ選手であれば、「2020年の東京オリンピックで金メダルを獲る！」というように目標を明確に設定することで、日々の練習が2020年の東京オリンピックから逆算した質の高いものに変わり、ただやみくもに練習する場合に比べて、金メダルを獲得する可能性が高くなります。

同じように、**恋愛や結婚でも、目標を明確に設定することが大切**なのです。

たとえば「マグネット・ノート」を書くときは、次のように、自分に質問を投げかけることで、「どんな人と付き合いたいか？（結婚したいか？）」の「どんな人？」がハッキリします。

「私にとって、『最愛の人』って具体的にどんな人だろう?」

そう、人によって、「最愛の人」の定義は全く異なります。ある人にとっては経済的な自立が一番大切という人もいれば、愛にお金は関係ない、自分の夢を追いかけている人と結婚してその人に尽くしていきたい、という人もいるのです。

それこそ、**人の数ほど、星の数ほど、「好み」というものが存在しています。**

この「好み」というものが実はクセモノなのです。この漠然とした「好み」というものはあなたが思っているようでいて、実はあなたのご先祖さまが生前思っていた異性のタイプであることが多いのです。

ですので、今現在、あなたが思っている理想の異性像というものはあなただけが考えたものではなく、あなたに眠っているDNAがそう思わせているわけです。

あなたの血に眠っている、父祖伝来のDNAの本質に背くことは、なかなかできません。

「ルックスから入る恋が実は一番多い」と言われるのも、このDNAの仕業です。

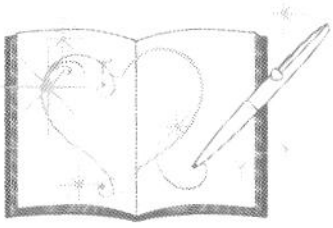

マグネット・ノートの効果をさらに倍増させる方法とは？

では、「自分にとっての『最愛の人』はどんな人か？」をハッキリさせるためには、どうしたらいいのでしょうか？

簡単な方法を教えましょう。

まず、ノートに**大きく正方形の9マス**を書いてみてください。そして、**真ん中に「自分」**と書いて、**「自分の興味のあるもの」「自分はこういう人間だと認識していること」を、中央のマス以外の、残り8マス**に書き入れます。

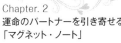

「自分ってこういうことに興味がある」とか、「ここが自分らしいよね」など、性格や性質、あるいは「周囲の友人にこう思われている」でもいいですし、「自分が大事にしているもの」でもいいです。

たとえば、「私はいつもスキマ時間があると音楽ばかり聴いている」という場合は、

「音楽が大好き」と記入します。「自分」のまわりに8マスあるので、こういうマスがあると脳は埋めたくなるのです。

箇条書きでは、なかなかキーワードが出てこない人でも、このようにマスを8個作ってやると書ける人が多いものです。

なかには、8つのマスでは情報量が足りない、という人もいるかもしれません。そういう人は、もう1個9つのマスを作って、また中央部に「自分」と書いて、まわりに、どんどん「自分らしさ」や「自分が好きなもの」「自分の趣味」などを書いていったらよいでしょう。

「自分」のことがわかって初めて、本来自分が求める相手のイメージが出てくるものです。

「自分」のイメージがある程度、把握できたら、今度は**「引き寄せたい相手」**を書いてみます。

9マスの真ん中に、「結婚したい人」や**「恋愛したい人」**と書いて、そこの**まわりに、「どういう人とどういう人だったら私は結婚（恋愛）したいのかな」**と自分の気持ちに素直に書くのです。たとえば**「ルックス」**から書くのもいいでしょう。

「ルックスから入る恋愛しか私は絶対受け付けない」という人は、どんなに性格が良い人が出てきてもルックスが良くなければ絶対に結婚しないものです。

「どんなにこの人、性格良いよ」と紹介しても、「私は芸能人の○○さんとうり二つの人じゃないと嫌だ」という人もいます。

マスが8つありますので、「こういう人と結婚したい」というイメージを思うがままに書き出してみてください。

その他、具体的には**「年収」「学歴」「趣味」**なども書き込みます。

また、手相で「玉の輿線」（42ページ参照）がある方であれば、男女問わず、果敢に玉の輿にチャレンジしてみてもいいでしょう。

引き寄せを発動させるには、ココを押さえなさい

「マグネット・ノート」に書いた9マスのキーワードを見て、共通することやもの、

同じような要素があるところを、ハートで囲ってみてください。

たとえば、「自分」の９マスのうち記入できる８マスの要素が、次のような表現になっているとしましょう。

「旅行好き」「ライブに行くのが大好き」「優柔不断な性格」「対人関係が苦手」「ファッションが好き」「カラオケ大好き」「両親は大切だ」「猫が好き」。

それに対して「自分が相手に望むこと」の８マスは「謙虚な性格」「旅行が好き」「身長は１８０ｃｍ以上」「猫が好き」「（自分の）わがままを受け入れてくれる」「お金は大切に使う」「家族を大事にしている」「カラオケ好き」を記入できました。

「自分が大切にしていること」と「相手に望んでいること」が重複しているところを、ハートマークで囲うのです。 そうすると自分と相手の共通項は「旅行好き」「カラオケ好き」の２つということがわかります。

「自分」と「相手」のキーワードが重なったハートマークの部分、そこから引き寄せが始まるのです。

ただなんとなく恋愛や婚活をするより、「こういう人がいいよね」と自分が納得してから、恋愛や婚活するのが一番良いです。

なんとなく恋愛や婚活をしてしまうと、その日の気分でなんとなく良いかなと感じた人とお付き合いすることになります。結果として、「やっぱり違ってたかな」となり、それを繰り返すことになってしまうのです

ですから、恋愛・婚活を始める前に、ある程度「自分はどういう人か」「相手はどんな人がいいか」を「マグネット・ノート」に書くことでハッキリさせるのです。

ちなみに、なぜ9マスかというと、**「9」の数字は「明らかにする、ハッキリさせる」という数**だからです。九紫火星の「9」です。「陽、極まり」と言われます（陰の極まりは「6」）。

それまでなんとなく箇条書きでも書けなかった方が、こうやってマスをつくって9個書くようにすると、脳の埋めようという働きもあり、スラスラと書き込めるものです。

「どんな人を自分は射止めたいのか」がわかると、「引き寄せ運」もより強力になっていくのです。

期限を決めて、完了形で書く

「自分がどういう人なのか」「相手がどういう人なのか」を書く、それがまずは第一段階です。それで引き寄せが始まる要素ができてます。

最初は漠然とでもよいので、とにかく書くことが大切なのです。

また、**「いつまでに恋人が欲しいのか?」**と、**「期限」**を設けることも大切です。

カウンセリングをしていると、開運線は近い時期にあるのにもかかわらず、お客さま自身が、まだ「開運の兆し」を感じられないという方が多いです。

今年結婚する予定になっている手相なのに、「開運の兆し」が見えないと口々におっしゃる。私としては「え〜っ、本当ですか、こんなに開運時期が近いのに……」と半信半疑のことが多いのです。

詳しく聞くと、たとえば、結婚を望んでいる女性のお客さまも、結婚しそうな彼がいるではないですか！　ただ、なんとなく長く続いている……。

このような場合はとにかく「期限を決める」ことが最重要になってきます。

私がその女性にお伝えしたのは、「来年になると引越し予定先が『悪方位』になって良くないので、遅くとも来年の節分前の2月3日までに結婚して引越ししたほうが良い」ということです。

このように意外と、目標はあっても期限を決めていない方が多いのです。

期限を決めると、自分の中で「締め切り」が生まれますので、開運のきっかけになりやすいのです。

ぜひ、「期限を決めて」ノートに書いて、そのうえで行動してみてください。

目標と期限を明確にすればするほど、あなたの理想のパートナーに遭遇しやすくなります。

そのようなすごい力があるのも、「マグネット・ノート」の素晴らしさなのです。

Chapter 3

運命のパートナーを射止める「キューピット・ノート」

「キューピット・ノート」で、理想のパートナーを射止める

「マグネット・ノート」で自分にとってどういう人が良いかがわかったら、次はそのような異性を射止める「キューピット・ノート」を書きます。「キューピット・ノート」を書くことで、理想のパートナーとの距離がグッと縮まります。

前著『幸運を引き寄せたいならノートの神さまにお願いしなさい』で「ドリーム・ノート」の書き方をお伝えしました。恋愛・結婚を願うなら、ぜひ、「ドリーム・ノート」を活用するべきです。

「ドリーム・ノート」には新月の日に8時間以内（それが難しければ1日以内）に自分の願望を書き入れて、新月のパワーも借りつつ、願望を成就していくものでした。

その際に気を付けたいことは、ただただ恋愛・結婚したいと書いても、叶いにくいということです。

欲しい異性を手に入れる確率が上がる「とっておきの書き方」とは？

これはどういうことかと言うと、私のノート術のセミナー参加者の方のアンケートや後日の感想をつぶさに見てきて、「ドリーム・ノート」に単純に欲しい異性のことを書いても、臨場感がなく達成できない人が多かったのです。

たとえて言えば、いきなり〝１００億円を来年までに手に入れる〟と書いても、残念ながら全然、臨場感がなく、本当に自分がそれをできるのか逆に否定的に自分の潜在意識に刻み込んでしまっていたようなのです。

〝１００億円を来年までに手に入れる〟と書いても、逆に悪い思い込みになってしまい、潜在意識も現実的に無理と思ってしまい、その夢が叶わないままで終わってしまったのです。

しかし、それ以上の金額では、自分自身の潜在意識が「とんでもない金額で今の自分には無理！」と可能性を閉じてしまいがちです。

それでは、どのようにノートに書くといいのか——。それは、**具体的な金額を書くよりも、「そのお金を得たあとに何を手に入れたいか」を臨場感あふれる書き方で綴ればいい**のです。

要するに「何のためにそのお金を必要とするのか」具体的にすればいいのです。簡単に言えば、具体的な金額よりも、**具体的な手に入れたい対象物を書く**ということです。

多くの脳科学者が指摘している通りに、人の脳は、抽象的なものを手に入れるのは苦手で、自らがイメージできる具体的なものであればあるほど、手に入れるのが容易と考えるクセがあるのです。

どうせ書くなら良いイメージで具体的に対象物をノートに書くのが正解です。

「縁結びの聖地」のパワーを借りる

「縁結びノート」の中で私が最も重視しているのが、この**「キューピット・ノート」**です。

このノートはノートに書いたお願い事を、縁結びで有名な島根県・出雲大社のご祭神である「大国主大神《おおくにぬしのおおかみ》」にお願いして叶えてもらうノートの書き方です。

「キューピット・ノート」の書き方の前に、少しだけ出雲大社のことで私が体験したことを書いてみます。

出雲大社は島根県出雲市にあり私の住む愛知県から西の方角にあり、私の鑑定に訪れたお客さまの「吉方位」が西の方位になるときに、3泊4日の**「吉方位旅行」**（170ページ参照）を勧めています。

これまで、実に百余名を超えるお客さまが出雲大社への吉方位旅行に行ったわけですが、**西の吉方位効果はまさに恋愛成就、結婚成就**ですので、ピタリその効果が出たわけです（通常、吉方位旅行に行くと1年以内に大変良いことが降り注ぎます）。

そういった3泊4日の旅行だけでなく、時折、信じられない素晴らしい結果の報告をたびたびもらうようになり、これはどうしたものかという思いを持つようになったきっかけも、この**「縁結びの神さま」と呼ばれる出雲大社**です。

3泊4日未満でも結婚や妊娠をするというお客さまもいて、極端な例では1泊2日でも、その後、劇的な展開があり、幸せなゴールインに至ったケースもあるのです。

運命の人に出会える「奇跡の神社」とは？

また、出雲大社周辺にはたくさんの神社がありますが、とても印象に残っている神社が「八重垣神社」です。

八重垣神社は少々こじんまりした神社です。島根県・JR松江駅よりバスで20分く

らいだったと思います。婚活に奇跡を起こすと言われているこの八重垣神社の神力に
ただ、ただ、敬服するしかなかったのです。

たとえば、恋愛成就を助けると言われる椿が大木になって成長しています。私は感動のあまり、もう呆然として佇むしかありませんでした。

八重垣神社の由来はホームページを見ていただくとわかるのですが、スサノオ尊がこの場所で新婚生活を始めた場所です。

鏡の池などまさに恋愛成就にふさわしい場所もすぐそばにあるなど、まさに奇跡の場所です。このような場所が他にあるでしょうか?

少なくとも私はこんなに由緒正しく、史実、現在もそのような意味のあるものがそろっている場所を八重垣神社以外に知りません。

東日本からは甚だ遠方の出雲方面ですが、恋愛・結婚でご利益を得たい方は出雲大社とともに、八重垣神社だけはぜひ訪れてほしいと思います。

また、三重県は伊勢市駅よりバスで15分ほどのところに出世を司る**「桜木地蔵」**という知る人ぞ知る桜の木のすぐそばにあるお地蔵さんがあります。

ここは江戸奉行にまで上り詰めた大岡越前が何度も参拝した場所としても知られ、近年では大相撲の武蔵丸も幕下の時代から通いつめ、ついには横綱になったのでした。

ここは出生のお地蔵さんで霊験あらたかな場所で私自身、前著『幸運を引き寄せたいならノートの神さまにお願いしなさい』の執筆中に何度も行き、何度も増刷したことを考えますと、大きな効果を実感するものです。

女性にとって、出世は素敵な異性との結婚でもあります。**地元でもこの桜木地蔵にお願いをして素敵な異性と結婚できたという声も多く、**まだまだ知られていない場所ですが、お近くの方はぜひとも訪れたい幸運を引き寄せる場所ということが言えるでしょう。

キューピット・ノートは、ストーリー形式で書きなさい

「キューピット・ノート」を書くときは、今までのノートと違い、単純に箇条書き

で書いてはいけません。

人が一番敏感にリアリティを持てる「物語」「ストーリー」形式で書くことです。

皆さん、小説は好きですか？

私も小説が好きです。小説にはそれぞれに世界があります。「キューピット・ノート」はいわば、**簡易の恋愛小説**です。

簡易小説というくらいですので、ボリューム的には**長くなくていい**のです。

長文にならなくてもいいので、短くていいので、その人と結婚するまでの物語を自分で書いてみるのです。

その際、直筆で書くと叶いやすくなります。

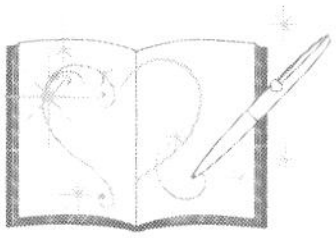

キューピット・ノートを「縁結びの聖地」に向けて書く

この「キューピット・ノート」は**誰かに宛てて**書きます。

前著『幸運を引き寄せたいなら ノートの神さまにお願いしなさい』では「送らない手紙」を紹介しましたが、今回のノートは「送る手紙」です。

「あなたが運命のパートナーと結ばれたい」という願いを、先ほど紹介した出雲大社の神さま宛てに送るつもりで書くのです。

ツイているものはまわりにも良い影響を与えます。運が良い人はどこまでも運が良くなるし、運が悪い人はどこまでも運が悪くなる。それならば「良いものにつながったほうが良い」というのが私の長年の開運人生の結論です。

それならば、**「日本一縁結びで縁起の良い」出雲大社とつながること**です。

世界を見渡してみると、出雲大社のようにパワースポット（＝聖地）と呼ばれる場所があります。

たとえば、イスラエルの聖地エルサレムには、ユダヤ教の「嘆きの壁」、キリスト教の「聖墳墓教会」（イエスが十字架に架けられたと言われる場所）、イスラム教の「黄金のドーム」という3大宗教の極めて重要な聖地が1カ所に集まっています。

また、長年その3大宗教を信じる人たちがエルサレムを「聖地」と思って、1〜2千年以上が経過しています。そうしますと、その想念の積み重ねで、エルサレムそのものの「気」が凝結し、ひとつのエネルギーになっているのです。

その他の地域では近年ではアメリカのセドナも聖地として崇められていますが、やはり実際に訪れた方たちの敬虔な思いが、ますますパワースポットとして栄えさせていると言って良いでしょう。

今回の「キューピット・ノート」では、**「縁結び」のパワースポットである、出雲大社のエネルギーを借ります。**

出雲大社は文献を遡ると、江戸時代中期には出雲大社の縁結び信仰が広まっていたようです。確認できる文献は江戸元禄時代の井原西鶴『世間胸算用』に「出雲は仲人の神」と記載されているものが最も古いもの言われています。

出雲といえば、十月の神無月は島根県では神在月と呼んで、日本全国から神さまが出雲大社に集うというように言われています。霊験あらたかな神社ということがわかります。

こういうことを想像しながら、「キューピット・ノート」の冒頭に〝日本で最高のモテ運を与えてくださる出雲大社の神さま〟など、情感を込めて、書きはじめるのです。

情感を込めて、縦書きで書く

そう、情感を込めてノートに書くことで、潜在意識にあなたの夢や願望が急速に刻み込まれます。そして、このことはノートの神さまがとても好むことなのです。ストーリー形式の文章で書くことで、この文章が出雲大社の神さまへの奏上と一緒で特別な感覚が生まれ、情感がますます湧いてきます。

その場合には、ノートに「縦書き」で書くことを強く勧めます。

縦書きで書くと人間の右脳が活発に働き、普段の自分よりも創造的になるので、スラスラと自動書記のようにノートに記入することができます。

本来、日本人は縦書きで文章を書く民族でしたので、縦で書くことはあなたのご先祖さまがやっていたことです。また、国語の時間に作文を書くとき、縦に書くように教育されてきた私たちは、不思議と横書きよりも縦書きで書くと書きやすいのです。

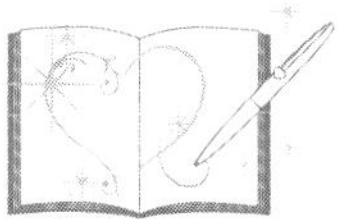

「キューピット・ノート」を書く前に準備することとは？

「キューピット・ノート」を書く前に準備することがあります。

それは、今後の自分が勝手に決める「結婚までのロードマップ」いわゆる「婚活イベント時系列表」です。これをまず書かなくてはいけません。

そうです。**ゴールから考える**のです。

まずは「いつ結婚するか」勝手に決めてください。これはあまり考えずに決めてください。深く考えすぎて「結婚実現可能なのは10年後」なんて出てしまったら、30歳の人は40歳で結婚、40歳の人は50歳で結婚、ということになってしまいます。そういう自虐的な未来の刷り込みはするべきではありません。

次に、**「いつ理想の人と出会うか」**これも勝手にあなたの意見で決めてください。

この2つをまず決めておけば、あとはあなたの「未来記憶」から具体的に起こっていくことを引っ張り出すことができます。それを書くことによって、あなたの結婚のサクセスダイアリーが完成していくのです。

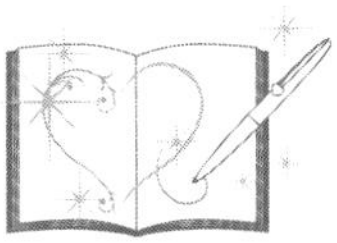

未来を勝手に決めることから、運命は動き始める

「いつ結婚したいか」を勝手に決めていい――。

そう言うと、「そんなことを言われてもなかなか決められない……」そんなふうに言う人もいます。

でも、**未来はあなたが勝手に決めていい**のです。勝手に決めるところから本当に運命は動き始めるのです。

ただし、これは毎日書く必要はないです。

月に1回「ドリーム・ノート」と同様に、新月のときに、頑張って書いてください。

「キューピット・ノート」の具体的な書き方

いつ結婚するのかを書いたら、次に、**「相手のルックス」「年齢」「年収」「性格」「登場人物」など**を書き、最後に**「どこで知り合うか」**を書きます。

「誰に紹介してもらうのか」を書くときも、いつ、どこでかを書きます。

そして、「1回目のデート」について書き出します。その際、デートは楽しくできたと仮定して書きます。

それで、「とても仲良くなって、無事にいついつ結婚しました」という、ストーリーが完成します。

「ドリーム・ノート」だと一人称で自分の夢を書きますが、「キューピット・ノート」は「ドリーム・ノート」の「状況編」です。相手があることなので、相手の方にも自分のことをよく思っていただかないといけないので、このストーリーを書きます。

ストーリーを書くとわかりますが、そのパートナーと一緒にいる時間が長くなっていきます。お付き合いや結婚すると、そのパートナーとずっといるわけです。

ですから、パートナーがお互いのことを理解してくれて、同じ時間を共有してくれることが大切になってきます。このストーリーを書くのは、ものすごく効果があるので、読者の皆さんには必ずやっていただきたいです。

歴史的大富豪が教える「お金を生み出す6つの原則」とは？

ただし、最初から簡単に未来を書けないという方も多いでしょう。そんな方にヒントをお伝えします。

19世紀後半から20世紀前半を生きた「鉄鋼王」と言われたアンドリュー・カーネギーの「お金を生み出すための6つの原則」が参考になります。お金と恋愛・結婚は分野が異なるのですが、とても参考になります。

①望みの金額をはっきりと決める
②そのお金を手に入れるために何をすべきかを決める
③そのお金が自分の手に入る日をはっきりと決める
④そのお金を稼ぐための詳細な計画を立て、ただちに行動に移す
⑤前の4つの原則を紙に書く
⑥紙に書いたことを毎日二度ずつ、朝起きたときと夜寝る前に大きな声で読み上げる

（『あなたにそっと教える 夢をかなえる公式』イ・ジソン著、吉川南訳 サンマーク出版より）

一見、単純なことのように思えるかもしれませんが、この公式が広まると、アメリカではこの6つの秘訣を「公式」として実践する人々がたくさん現れて、結果として、「億万長者」が山ほど生まれたそうです。

この書き方を「恋愛・結婚」に応用していくと良いのです。

恋愛の障害を乗り越えられる「WOOPの法則」

そして書き方にはもうひとつコツがあります。

「WOOPの法則」に基づいて、ノートを書くことです。

WOOPの法則とは、願い（Wish）、成果（Outcome）、障害（Obstacle）、計画（Plan）の頭文字を取ったもので、アメリカの心理学者ガブリエル・エッティンゲンが長年の研究の末、発表した「理想を実現する活力を奪われずに進んでいける方法」です。*

順番はこうです。

①自分の願望や叶えたい夢をイメージする
②願望に対して自分が望む成果を具体的に思い描く
③現実を直視し、目標達成への具体的な障害を考える
④障害に対処する計画を考える

*『成功するには ポジティブ思考を捨てなさい 願望を実行計画に変えるWOOPの法則』（ガブリエル・エッティンゲン著、大田直子訳、講談社）より

ＷＯＯＰの法則の革新的なところは、夢は夢で本気で実現していくのですが、あらかじめ、**将来起こりうるアクシデントを入れ込む**というところが素晴らしかったのです。

たしかに人間は夢の実現化を考えたときに、うまくいき、目標を達成するという青写真を描きがちです。しかし、その途中で青天の霹靂ともいうべき突然のアクシデントが生じたときの動揺たるやすごいもので、木のようにポキッとそのまま目標達成を果たさずに折れてしまう＝夢を実現することを諦めてしまうという人たちが後を絶たないのです。エッティンゲン博士は自己啓発関係の書籍のポジティブシンキングには「効果がないこと」を実証したうえで代替案を示したのです。

それがＷＯＯＰです。目標達成率がＷＯＯＰ以外とＷＯＯＰではなんと2倍も違うことがわかったのです。もちろん、2倍良いのはＷＯＯＰを使ったほうなのでした。それはエクササイズの習慣を身に付けることや健康的な食生活を定着させることでも認められました。

それではノートにはどのように書いたらいいのでしょうか。そのために考えられるありとあらゆる交際の障害を考えて、その障害がもしも起きたときはあれをしよう、これをしようとノートに書いておくのです。

そうすると**「障害が起きても、それを乗り越えて目標を達成できる」という不動の信念が生まれて、もし、本当に障害が起きてもまさに乗り越えていける**のです。本当に目が覚めるような考え方です。このような素晴らしい手法が現代にはあるわけですから、これも使ったほうが良いのです。

キューピット・ノートの例

最後のまとめとして、名古屋市在住のUさんが実際に書いた「キューピット・ノート」を見ていきましょう。

〝仕事帰り、マリオットホテルのカフェで待ち合わせして、ミッドランドの吉兆でご飯。料亭の話（が出て）京都にも行こうと（なった。）（彼から）マンションがあるから一緒に住もうよ（と言われた。）

（その彼自慢の）マンションで美味しい日本酒を飲み、ご飯を食べて、彼行きつけのBARで飲みながら、マスターに紹介されて嬉しい！

（その後）彼のマンションにおいでよ〜と言われる。（だけど）当日はおうちに帰る。

次の約束して、KISS。タクシーで送ってくれて次の日、（名古屋駅の）金時計で待っててくれて♡「一杯飲もう♡」ニッコリSmileできゅん♡マリオットの華雲おいしい♡（彼から）「次の休み、京都に行こうよ♡」そして、1泊2日♡の宿泊の際に彼から「結婚しよう♡ご両親にもあいさつするから♡」とプロポーズ。

両親もすごく喜んでくれて「こんな娘ですがよろしく」と。彼の両親も私の事を受け入れてくれて「息子をよろしく」と言ってくれた。

こじんまりとお食事会♡両家のあいさつ→入籍♡12月25日、クリスマス入籍♡

熱田神宮の付近で新居。美味しいレストランでウエディングパーティー♡白無垢、はかま姿の写真のみ撮影in名古屋観光ホテル。〃

Uさんの声はチャプター1でも紹介していますが、Uさんはノートを書いたあと、ある年の8月に今のご主人と出会い、その年の10月には新居へ引っ越し12月には入籍。翌年6月に家族のみで挙式、同年11月に友人を招いてのウエディングパーティーをしたそうです。

ノートに理想を書いて、似たような人が引き寄せられたらラッキー！くらいな気持ちで書いていたそうですが、ほぼぴったりの人が現れ、仲良くなる展開や両親との関係、仲間からの祝福もすべてノートに書いた通りの流れで進んだ、ということです。

恐るべし、「キューピット・ノート」のパワーです。

Chapter 4

パートナーの運気をグングン上げる「アゲマン・ノート」

「アゲマン・ノート」で、パートナーがイッキに開運する

パートナーの運気をグングン上げることができるのは「アゲマン・ノート」です。

このノートを書くと、パートナーの運気が本当に上がっていきます。

「アゲマン・ノート」では、パートナーがいる方や既婚者の方、もしくはこれからお付き合いしたい人がいる方が、**相手の応援したいことを、ノートに書いていきます。**書かれた側の人は実力以上のものを発揮できます。

これは人からの応援の力です。

たとえばサッカー・ワールドカップの熱狂的な応援は、代表選手に力強いエネルギーを与えたはずです。プロ野球などの試合でも、ホームの試合では熱気ある応援が功を奏してか、ほとんどのチームの勝率が高いというデータもあります。

また、これらの例を待たずしても今までの経験上、**人から応援されると実力を発揮**

できるということを実感している方も多いことでしょう。

せっかく縁があって結ばれた（あるいは結ばれようとしている）2人なのですから、「アゲマン・ノート」をぜひ書いて、パートナーをより幸せにしてあげてください。

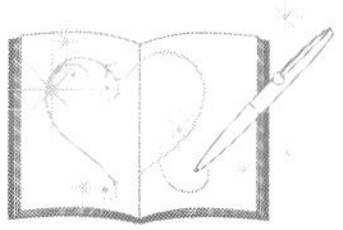

「良いエネルギーを飛ばす」ことができる

「アゲマン・ノート」の効用は「良いエネルギーを飛ばす」ことができることです。**守りたい相手、頑張ってほしい相手に、ノートを書いてエネルギーを与えることができる**のです。

ある意味、長年連れ添っている夫婦は若い頃はお互いに、エネルギーを与え合っていたかもしれません。エネルギーは目に見えないモノですが、必ず何らかの作用をもたらしていると私は確信しています。

その目に見えないモノを**目に見える形でノートに書くことが大きな意義がある**ので

す。

「アゲマン・ノート」は書いた内容をその相手に見せるものではないのですが、仮に見られたとしても、相手は大変嬉しく感謝されること間違いないです。**相手の幸せを祈るノートは、持っている波動も非常に高い**のです。

ノートに書くのは、お祈りと一緒

前著『幸運を引き寄せたいなら ノートの神さまにお願いしなさい』でも書きましたが、ノートを書くことはお祈りするのと一緒なんです。

それこそ**神社へ行ってパンパンッとお祈りするみたいな感じ**です。

神社でお祈りをしパンパンッと柏手をするとき、親指の第一関節にあり潜在意識とつながっていると言われている**「仏眼」**というところを動かすので、何かお願いをすると、それが叶いやすくなると言われています。

ノートに文字を書いているときも「仏眼」が揺れています。そうすると、潜在意識に入っていきやすく、願いが叶いやすくなるのです。

パートナーに幸運を引き寄せる「ギバー」の法則

「真っ先に自分の利益を優先させる人」と「損得のバランスを考える人」と「人に惜しみなく与える人」の3者では、最も成功する人は誰でしょうか?

ちなみに「真っ先に自分の利益を優先させる人」はテイカー、「損得のバランスを考える人」はマッチャー、「人に惜しみなく与える人」はギバーと呼ばれます。*

たとえば、この3つのタイプのカウンセラーがいたとします。

「真っ先に自分の利益を優先させる人（テイカー）」タイプのカウンセラーは、クライアントから搾取することばかり考えて、わざわざ単発のセッションを巧妙に継続型

*『GIVE&TAKE「与える人」こそ成功する時代』（アダム・グラント著、楠木建監訳、三笠書房）より

のセッションに変更して、自分の利益を増やそうとします。

「損得のバランスを考える人（マッチャー）」タイプのカウンセラーは、自分をよく思ってくれるクライアントには丁寧にセッションし、自分の得にならないクライアントには適当にセッションするのかもしれません。

「人に惜しみなく与える人（ギバー）」タイプのカウンセラーは、常に絶対的にクライアントの味方になってセッションをしていきます。

一般的には思いやりにあふれ、見返りを求めない「ギバー」は、ビジネス上では不利ではないかと思われています。

実際、「テイカー」に利用される自己犠牲型の「ギバー」がいますが、一方で実は最も成功している勝者は「ギバー」であることが実証されています。

研究結果によれば、**最もうまく行っている層は、なんと、「ギバー」**なんです。

「ギバー」は、確かな結果を出すには時間がかかりますが、いわゆる「本物」になって本当に大きな実績を上げているのも「ギバー」という事実――。

そう、私たちは「ギバー」になっていくといいわけですね。

「人を呪わば穴二つ」という格言通り、人を貶めるようなことを自分の人生の目標にしてはいけないのです。その逆で誰からも認められる「繁栄が続くような」目標にする必要があります。

そのヒントが近江商人のモットーである**「三方よし」**の精神です。

近江商人は現在の滋賀県に本店を置いて、江戸から明治にかけて日本各地で活躍しました。

ある1カ所の地域だけで成功し活躍したのではなく、日本全国の各地で商いをして活躍をしたところに私は注目したいのです。

近江商人が信用を得るために、とても大切にしていたのが、「買い手よし 売り手よし 世間よし」という「三方よし」の精神でした。近江商人は「三方よし」をモットーに掲げ、自らの利益のみを求めることなく、多くの人に喜ばれる商品を提供し続けました。そうすることによって、少しずつ、周囲の信用を獲得していったのです。

そして彼らのすごいところは自分たちの利益が貯まると、なんと無償で橋や学校を建てたりして、世間のためにも大いに貢献しました。つまり三方よしとは「商いは自らの利益のみならず、買い手である顧客はもちろん、世の中にとっても良いものであるべきだ」といった現代の経営哲学にも通じる考え方なのです。

この「三方よし」の精神は現代の日常生活においても、「相手よし 自分よし みんなよし」という言葉に置き換えられる大切な考え方です。

自分だけ良い思いをするような利己主義であれば、一時的に成功しても、それは長続きしません。

その反対の「相手よし 自分よし みんなよし」と関係性のあるものすべてが利益を得て、幸せになっている状態は、実に理想的な状態といえます。

その**三方よしの精神で行っていけば、周囲の人たちからもその姿勢が歓迎されて、成功し、そして、その期間も短期間ではなく長期間の繁栄になっていく**のです。

ですから、「アゲマン・ノート」を書くときにも、三方よしの精神で書くことをおすすめします。

そうすることで、「パートナーよし　自分よし　みんなよし」になり、あなたと運命のパートナーの関係を、まわりが応援し、祝福してくれるようになるのです。

アゲマン・ノートの書き方

「アゲマン・ノート」の書き方はこれは非常にシンプルです。皆さん「ドリーム・ノート」で書くのは、自分の夢とか願いです。

そうではなく、「アゲマン・ノート」では**相手の幸せをノートにお願いする**のです。

この書き方は一人称の「ドリーム・ノート」から進化しています。自分だけではない相手の幸せを祈るというものです。これはものすごく良い影響があります。

具体的に書いていきましょう。

たとえばご主人が出世したいとすごく思っていて一生懸命、仕事を頑張っている。

そして、出世することが、ご主人の喜びや幸せになる。

そうであれば、**ご主人の出世**をノートに書いてあげるのです。

たとえばご主人が長年、課長職にいて部長職になりたいと願っている場合は、

〝主人が来年の4月に多くの人たちからの要望で念願の部長職に昇進できました〟

と完了形で書いてみる。

逆に、ご主人が「自分は**趣味の世界に生きる**のが幸せなんだ」と思っているようだと察知したら、それをノートに書きます。

たとえば奥さんが長年専業主婦で、50歳で難しいかもしれないけれど、経理事務として**正社員になりたい**といつも言っている――というのであれば、ご主人がその想いを「アゲマン・ノート」に書いてあげたらいいのです。

〝妻の和恵が今年の9月に山下商事の経理事務に正社員で採用されてすごく喜んだ〟

などという書き方は具体的でいいでしょう。

なかにはパートナーが**病気を抱えているケース**もあるでしょう。

その場合は、

〝夫の信介の胃腸の不調が全快し、毎日調子良く過ごせている〟

と完了形で書いてみる。

完了形がしっくりこなければ、

〝夫の信介の胃腸の不調が徐々に改善されつつある〟
という進行形でもいいでしょう。

いつ書くといいのかといえば、儀式的に考えるなら「ドリーム・ノート」同様に新月の日に書くといいのです。しかし、「アゲマン・ノート」は新月に限定せずに相手の幸せを祈るノートですので、**いつでも気が付いたときに書く**ことをおすすめします。

吉方位旅行の効果は「距離」×「日数」ですが、「アゲマン・ノート」の効果の出方も似ていて**「書いた文章量」×「日数」**です。書いた分だけ、想いが凝縮して良いエネルギーがパートナーに良い影響を与えていくのです。

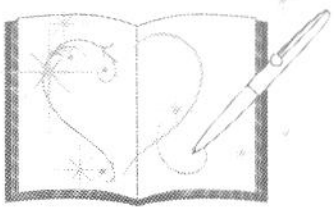

恋人や配偶者が求めていることに気がつける

また、意外な効用ですが、「アゲマン・ノート」を書くことで、配偶者や恋人が本当に求めていることに、気が付ける効用があります。

逆に「アゲマン・ノート」をつけていないと、意外に配偶者や恋人が求めているものがわからないかもしれません。

というのも、この多忙な現代社会は自分のことで精一杯で、パートナーも大事だしとても大切なことはわかっていても、パートナーの興味・関心よりも自分の興味・関心に傾いてしまうのも無理もないことだと理解できます。

よく離婚の原因に「性格の不一致」というものがあります。もともと違う環境で育ってきた2人が同じ屋根の下に住んでいるわけですから、完全な性格の一致は難しいものです。

相手が何を望んでいるか、それがわからないまま離婚、という選択をしてしまったカップルも多いのではないでしょうか。

デール・カーネギーは著書『人を動かす』（創元社）で、人に好かれる方法を以下の6つに要約しています。

①誠実な関心を寄せる

②笑顔を忘れない
③名前を覚える
④聞き手にまわる
⑤関心のありかを見抜く
⑥心からほめる

①の「誠実な関心を寄せる」のもずっとそうしていくのはなかなか難易度が高いですし、⑤の「関心のありかを見抜く」はさまざまな要素が絡んでいて、一朝一夕に身につく能力ではないかもしれません。

聞き手に回って、よく**相手の話に耳を傾ける習慣がつけばつくほど、相手の関心のありかが浮き彫りにされてくる**でしょう。

自分の大切な人が、何があれば幸せなのか、その人がどういうことに関心を持っているのか、それらを絶えず意識していないと書けないのです。

人を応援できる人は幸せになれる

「アゲマン・ノート」は、自分の未来だけではなくて、相手の未来まで変えることができるノートです。

この「アゲマン・ノート」の書き方を極めていけば、パートナー以外の人の幸せもノートに書くことができるようになっていくことでしょう。それは子どもの幸せかもしれませんし、両親への感謝の思いかもしれませんし、今、自分がここにいるという生への感謝かもしれません。

「アゲマン・ノート」を書けば書くほど、波動が高い状態になっていき、書いているご自身の運気も上昇していきます。ですから、遠慮せずにドンドン書いていただきたいノートです。

以前、ベストセラー作家の本田健さんが言っていましたが、本田健さんのメンターに「人生で一番大切なことは何ですか？」と聞かれたそうなんです。

そのときにメンターは「人に応援される人間になることだ」と答えたそうです。

一言ですが、その意味は深いと私は思います。

これって、逆の意味で考えると、「人を応援する人間にもなりなさい」と言っているように思えるんです。

私は人を応援することが大好きですし、それはずっと続けていきたいと思っています。

潜在意識の研究を長年されている著名な方と最近、密に連絡を取り合い電話も何度もしておりますが、その方はこう言っています。


「人を応援すると、人に応援されるようになる。人を蹴落とそうとすると人に蹴落とされるようになる」


潜在意識は向かうべき対象をあまり感知しないようで、人の悪口を言うと、自分も悪口を言われるように仕向けるようです。

ですから悪口や批判はあまり良くなかったのですね。

まぁ、純粋に応援すると気持ちいいので応援していますが、何はともあれ頑張っている人は応援したくなりますね！

Chapter 5

恋愛運・結婚運が面白いほど上がるノートの習慣

恋愛運・結婚運を上げるために、欠かせない準備とは？

恋愛運・結婚運を上げる前に、そもそも、**自分の恋愛運・結婚運の特徴がどういうものなのかをつかむことも大切**です。

恋愛運・結婚運は占いを通じて、知ることができます。

それと合わせて前著『幸運を引き寄せたいなら ノートの神さまにお願いしなさい』でご紹介した「ギフト・ノート」を書き、自分の過去の恋愛の傾向を振り返ることをおすすめします。

「自分がいつモテたのか」の時期や、「なぜうまくいったのか」の理由を書くことで、今後の恋愛に活用することができます。

実は「ギフト・ノート」のことを私は長年、「パスト・ノート」と呼んでいました。

パストは過去を意味する言葉ですのでパスト・ノートはそのまま「過去のノート」と

いうことになります。時間の流れは過去、現在、未来と3つの局面があり、あなたの今現在は過去の延長線上に成り立っています。

私は過去を「限りなき財産」と呼んでいます。過去にあなた自身の成功のヒントが確実に眠っているのです。過去からのあなたへの贈り物と言っていいでしょう。それに気が付いた時点で私は「パスト・ノート」という名称から「ギフト・ノート」という名称に改名したのです。

「ギフト・ノート」を書いてみるとすぐにわかるのですが、意外と過去起きたであろう出来事をなかなか思い出せなかったりします。いわゆる「書けない」というものです。

しかし、**思い出せない時期に意外なカギが眠っている**ものです。思い出せない＝思い出したくないと潜在意識が振り分けしている可能性もあります。

「ギフト・ノート」は自分の過去を振り返って、現在や未来のリソースにするというノートです。このノートであなたの過去の恋愛を総チェックすると良い気づきが生まれます。あなたは、きっととても魅力的な方だと思います。ですから、過去に異性にモテたり想いを寄せられた時期があると思います。

「何歳のあのときモテたなぁ」ということを思い出してみましょう。

「ギフト・ノート」は見開き2ページが基本で、1ページ5年刻み、見開き10年分で過去を振り返るものでした。

過去を振り返って、それを人生の良いイベントだったと思えたものには◎をして、つらかったことには△をして、その△には◎になるように解釈を書いていくことをお伝えしました。

恋愛でも同じように、振り返ってみるのです。

「いつ、誰と、どんな恋愛や結婚をしたのか」箇条書きで書き、理由も一緒に書いてみるのです。

ある人は、8年に1回、大恋愛しているという人もいるかもしれませんし、5年ごとに叱咤激励する女性が現れたという人もいるでしょう。

思い出せる範囲で書いてください。

重要なのはモテた年齢（時期）と、そのときの恋愛がうまくいった理由です。それがあなたの恋愛・結婚の傾向です。その**過去の恋愛・結婚の傾向があなたの今後の恋愛・結婚の成功を握る大きなカギ**なのです。

「ギフト・ノート」で振り返ると、恋愛のリズムをつかむことができます。この、恋愛のリズムをつかむこと、が大事です。

私がこれまで25年3万人以上の運命を鑑定してきた経験から言うと、10年に一度モテ期が来たりする人も多いですし、12年周期もよくあります。十二支で、たとえば酉年のときはやたらモテるという人もいるものです。

そのときの恋愛がうまくいった理由が書けるようになると、今後の恋愛でも同じようなときに、うまくいく可能性が高いのです。

結局、自分自身の恋愛の傾向を知らないと、進まないことが多いのです。

コレで恋愛運・結婚運が飛躍的に上がる!

世の中、街を歩けば「犬も歩けば棒に当たる」ならぬカップルに当たる。そのカップルたちは、現状、お付き合いしていて「お付き合い」という意味では成功しています。付き合うまではいろいろとあったのでしょうが、そのカップルたちは実際は付き合えています。

一方で、恋愛や結婚を長年望んでいても残念ながら実現できていない人の数が大変多いということも、多くの鑑定をしてきてわかっていることです。

占い師であれば、「恋愛運がないね！」とその人たちを切り捨ててしまうのでしょうが、**異性を求める男女であれば、現実、「恋愛運がないから仕方がない。あきらめます」なんて言っていられない**でしょう。

その一方であなたは「恋愛運ありやなしや」という問いに対して、明快な答えが欲しいことでしょう。

はい、**恋愛運の良し悪しはハッキリ言ってあります。** たいていの場合は恋愛運が良いと幸せな恋愛を経て、結婚しています。

しかし、不思議なことに、ある一定の割合で恋愛運が良いと出ているにもかかわらず、物心がついて以来、お付き合いどころか、男性（女性）とご縁のない女性（男性）もけっこうな数、存在しているのです。

そういう方がいるかと思えば、**恋愛運が悪くても、人がうらやむような結婚をする男女も少なからずいる**こともまた事実です。

最初は、このような「逆転現象」にとまどいましたが、冷静にその現象を見ていくとさまざまな興味深いことがわかってきたのです。

それは、**逆転現象を起こして幸せになっている方は、積極性のある〝相〟をしていた**ということです。

たとえば、私の専門の手相で言うと、〝生命線〟と〝知能線〟の起点が離れている相で、日本人の約2〜3割の割合で存在します。比較的、少数派と言っていいでしょう。

また、**〝旅行線〟なるものが出ている人にも逆転現象が多かった**のです。旅行線は生命線の手首側に流れるように出てくるものです。旅行線が出ている人は旅行が好きで中には海外留学する人もいますし、生まれ故郷を離れて異郷で成功する人も大変多いのです。

たとえて言えば、沖縄の離島で生まれたが東京に出て成功を遂げるような方です。

私も旅行線が出ているので、秋田で生まれ育ったのに流れ流れて、現在は名古屋に住居を構えているのも納得がいきます。旅行線が出ている方はその他にも大きな特徴があって、好奇心が旺盛でイベントごとによく出かけるという傾向があります。

これらの〝相〟に見られる**「積極性」が、逆転現象を起こす大きなカギ**であり、実行力を示すキーワードであることがわかります。

そう、「行動」や「実践」こそが、仕事に限らず、恋愛や結婚など人生の成功の秘訣なのです。

セルフイメージですべてが決まる!

ここでふと疑問が湧いた読者もいるでしょう。

「『行動』や『実践』できる人が、運命を超える」とはどういうことなんだ! と。

それは、「セルフイメージ」ですべてが決まる! ということです。

この**セルフイメージは、恋愛運や結婚運が悪い人でも、その人を行動力あふれる人**

に変えることができて、結果、逆転現象を導くことができるのです。

セルフイメージはその人を行動力あふれる人にもできますし、引きこもりにもさせることができる大変強力なものです。

実はこのセルフイメージは、あなたが今日までに積み重ねてきた「自己認識」そのものなのです。

そう、あなたが「自分はこういう人間だ」「自分はこのような人物なのだ」という自己認識がセルフイメージなのです。この自己認識＝セルフイメージがすべての行動につながっていくという、**恐ろしいほどにあなた自身に強大な影響を及ぼすファクター**なのです。

ですから、私たちはこの「セルフイメージ」を絶対に軽んじることなく、大切にしないといけないのです。ある意味、人生で最重要ともいえる大事な宝物なのです。

とはいえ、セルフイメージが高くないという人も多いでしょう。

私のセミナーの参加者も、「丸井先生……、私はセルフイメージが高くないようで、結婚したいと思っても全然、動けないのです……」というような人は多いです。

そのような「セルフイメージが低い人」でも、簡単にセルフイメージを改善し、高めることができます。

このセルフイメージを高める方法を、前著『幸運を引き寄せたいなら ノートの神さまにお願いしなさい』で詳細に記して、大きな反響を得ました。

あなたの**セルフイメージを上げるのも「ノートの神さま」の得意分野**なのです。

ここでは、簡単に誰でもできるセルフイメージを上げるノートの書き方について説明しましょう。

まず、あなたが今年になってから人から褒められたり感謝されたりしたことを月ごとに思い出してみましょう。たとえば、ボランティアに参加して感謝された、と書ける人もいると思います。

あるいは、恵まれない子どもたちへの支援を少額だけれどはじめて、両親に「良いことしているね」と褒められたことも書けるかもしれません。

また、今年の4月に上司が地方から転勤で本社勤務になったことがきっかけで、その慣れない上司にいろいろと教えてあげることになった。それが上司に感謝された、このようなことがあれば、どんどんノートに書けるはずです。

そうやって**年月をさかのぼっていくと他人から意外と褒められていたり、感謝され**

ていたり、認められていることがわかると思います。それを改めて認識することで、セルフイメージが回復していくのです。

また、自分が過去にうまくいったことを思い出して、ノートに書くこともおすすめします。それは他人から見て褒められたり、感謝されたりすることではないかもしれませんが、**「自分ができた！」という体験は、今の自分に対して、「まだまだやれる！」という大きなパワーを送ってくれる**のです。

このようなワークをするとセルフイメージが向上していきます。

もうひとつ、大変有効な書き方が存在します。

それは**自分のセルフイメージを上げてくれるような成功体験をしている人に直接、未来で会うと決めること**です。人は直接、会うと一番強い影響力を受けます。成功者と会う未来を書くと、不思議なもので、どんどん引き寄せがはじまって、本当にその人に会えるのです。

セルフイメージを上げるためのノートの書き方をお伝えしました。いくつかトライしていくうちに、自分に合ったセルフイメージを上げるノートの書き方に遭遇することができるでしょう。

恋愛運・結婚運を高める作戦ノート

セルフイメージを上げることと合わせて、恋愛運を高めるために2つの「作戦ノート」を書くといいでしょう。

「見た目美人」と**「ココロ美人」**になろうという「作戦ノート」です。

見た目はやっぱり大事です。恋愛や結婚は相手のあることなので、まずは**交際の選択肢として見られるように、**ルックスの偏差値を平均以上の女性の仲間入りができるようにすることです。平均をキープするどころかそこに達していないと思われる人は、まずはルックスの偏差値を50以上になるように努力をする必要があるのです。

たとえば体重が気になる方は、一般的にはスリムなほうが好感度アップになるので、**「ダイエット大作戦」みたいな感じでノートに書いていく**といいでしょう。

また、実年齢以上に見えてしまう方であれば、見た目を少なくとも実年齢より若くするといいでしょう。エステに通うのもよし。若返りの意味のある吉方位旅行に行くのもよし。良いエネルギーを取り入れ若くルックスをつくっていくといいのです。

まずは「見た目が9割」なのです。見た目は良いほうがいいに決まってます。「自分がどういうふうに見られるか」「見た目を良くするためにはどうするか」などをノートに書いていきチャレンジするといいです。

それと同時に「ココロ美人」を目指します。

外見以外の自分の魅力を伸ばしていく。その作戦も一緒にノートに書くのです。

その2つの作戦ノートを書くことが、すごく大事になります。

人相上、見た目のココだけは変えなさい

見た目ということで言うと、他の人が気にならなくても、「人相上」これはできれ

ば変えたほうがいいものがあります。

それは顔の中央、額の真ん中、鼻や鼻の下、口、唇、唇の下胸の上などの真ん中にある**「ほくろ」**です。人相上では、離婚しやすく、異性運があまり良くないのです。実際、私が長年鑑定してきた上でも、絶対ではないですが、わりかし異性運があまり良くないという方が多かったです。

ですので、通常の見た目という面では、額の真ん中にほくろがあっても、鼻にほくろがあっても問題ないでしょうが、人相上で言うと、できればなくしたほうがいいでしょう。

その他で言うと、目の周辺のほくろがそれに当たります。

「泣きぼくろ」がある女性は、物憂げに見え、魅力的なのですが、残念ながら異性運があまり良くありません。変な男性に騙されたりとか、ついつい不倫に興味を持ってしまったりなどしてしまう女性が多いものです。

その他にも、ほくろを見ると、面白いことがわかります。

たとえば、ほくろの位置がおでこの真ん中にある場合、独立運が強いか身近な上司と相性があまり良くないことを暗示しています。

また眉《まゆ》のシッポにほくろがあると、異性運があまり良くありません。

また鼻に盛り上がったほくろがあると、独身の人は自分の趣味などにのみお金を使う傾向があります。結婚している女性の場合には、夫に何かと苦労をさせられることを暗示しているのです。

これらは注意していれば回避できることですから、知らないよりは絶対に知っていたほうが良い類の情報です。

モテ運、恋愛運がみるみる上がるオススメの色とは？

すぐに印象を変えることができるのが、**「色」をファッションに取り入れる**ことです。

自分でどういう色が向いているのかということもノートに書くのです。

私が非常に印象に残っているクライアントがいます。

清楚な感じでとても色白な女性なんですけど、いつも、ファッションがほぼ真っ黒だったり、かなり濃い紺色なのです。

黒は、クールに見えますし、引き締まる色なのでしょうが、ちょっと暗く見えてしまいます。ですので、デートだったり婚活をする際、異性に会うときの色としてはあまりふさわしくないのです。そういったこともあって、その方には淡い色、私はピンク色を勧めたわけです。

全員が全員当てはまるとは言いませんが、男性から見ますと**ピンク系の薄いピンクとか淡いピンクとか明るい色がおすすめ**です。ピンク色は心理的に相手をリラックスさせる働きもありますので、そういう色を選んでみるというのはとても良いのです。

それ以外の色もご自身に合うものを発掘していけば自分の強みになりますので、そういうこともノートに書くといいでしょう。

「ココロ美人」になる最初の一歩

「見た目美人」だけではなく「ココロ美人」を目指すことが大切です。「見た目美人」と「ココロ美人」、この両輪があってこそ、運命のパートナーを引き寄せる「引き寄せ運」が上がるのです。

見た目がすごく良く第一印象が良かったとなっても、2回目会ったときに見た目以外の部分に魅力を感じてもらえないと、交際が終わってしまう可能性もあります。

では、「ココロ美人」になるには、どうしたらいいのか。

最初の第一歩として、

「相手のことをよく知る」

ことです。

「ココロ美人」とは結局、自分の持ち味を出すということ、そして相手の興味を持っていることをよく知り、合わせていくことです。もちろん、すべてがすべて相手の趣味を熱心に研究して覚えるということまではしなくてもいいでしょう。

でも、ある程度の関心を持っておくことが大切です。たとえば男性の方が広島カープの熱狂的なファンだったとしたら、少しはその年の成績、「今何位くらいですよね」とか、「今年この選手の調子が良いみたいですね」みたいな話を気を利かせてできると相手も好感を持ってくれます。
そのために、相手との共通の話題をノートに書いておくといいのです。

異性にモテたいときの「裏技」

ここで、ノートから少し離れますが、異性にモテたいときや人に注目されたいときの「裏技」をいくつか紹介しましょう。

「モテる」ために欠かせない行動の一つに**「鏡を見ること」**があります。男性でも女性でも、鏡を見るときには一番良い顔を自然とつくるそうです。つまり、鏡を見る機会を増やせば、それだけ良い顔でいる機会も増えるので、普段の顔も良い顔になっていくのです。

世の中には不思議なことがたくさんあります。その中の一つが、そんなにかっこよくない、もしくは綺麗ではない人が美男美女と付き合っているということです。

顔が特別良いわけではないのに、なぜか異性から人気がある——。

そういう人はたいてい話上手だったり性格が良いということが多いのですが、それだけではなく、その人たちには**「目」に特徴がある**場合が多いのだそうです。

心理学では、「瞳孔《どうこう》」という目の中の一部が「好意を表す」と言われています。

たいてい、人間の瞳孔というのは暗いときに開きますし、興味があるものを見たときや、好きな人を見るときにも開くようです。

よく「目が輝いている」という表現がされますが、これは瞳孔が普段よりも開くことによって、黒目がちになり、目の輝きが増すことから来ているそうです。

この目の輝きをより向上させるためには、普段から瞳孔を拡大させることが大切だと言われています。

具体的には、**何か夢中になれるものを見つけ、好奇心旺盛な心を持ち続けることです。**

興味があることに夢中になっている間は、瞳孔が普段よりも開いていて、目が輝くのです。

また、香りなどをかいだときにも、瞳孔が拡大することがあるそうです。

レモンなどの柑橘類の匂いをかぐことで、瞳孔が拡大するという研究結果もあります。ですから、気になる異性とのデートの前などはレモンなどの柑橘類の匂いをかぐとよいでしょう。意中の人の前で目の輝きを向上させることができ、良い雰囲気でデートを進められることでしょう。

恋愛に効く「プチ開運リスト」

さらに恋愛に効くプチ行動を列挙していきます。

・天然の塩、あるいは日本酒、あるいは赤ワインを入れたお風呂に入る
・古い洋服や流行遅れの洋服を捨てる
・出会いを求めるなら正方形のハンドバッグを持ち歩くこと
・香水をつける場所は手首がベスト

・玄関には花を飾る
・花の絵を飾る
・友人とメールを頻繁にすると恋愛運まで上昇する

夏でしたら香水は足首でもいいですよね。**「恋愛運」「結婚運」を上げたいと思えば、吉方位旅行がてっとり早いのですが、なかなか行けない方はこちらに挙げたことを繰り返すだけでもかなり運気がアップ**します。

また、恋愛・結婚運を上げるには**「九星気学」**を知るとお得です。たとえば、恋愛・結婚運を高めようと思ったら、お酒、宴会、デザートなど恋愛・結婚を司る**「七赤金星」**の意味を持つ行動や事象に関することを行えばよいのです。

「四緑木星」も結婚の意味があり、こちらはお見合いなどの行動そのもの。**「一白水星」**も結婚の意味があり、居酒屋とかお酒という意味があります。

ですので、ここに書いた行動をすると、自然と恋愛運、結婚運が上がります。宴会に行く機会があれば、異性と知り合う機会もできるでしょうし、お付き合いしているカップルならば、アルコールの力も借りて意気投合することもあることでしょう。

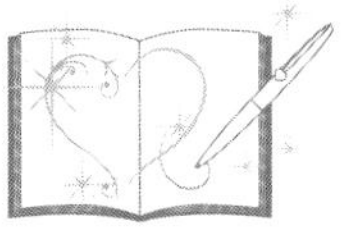

週末に片づけに励むと、恋愛運が上昇する

また、週末は、片づけに励むと、なぜか恋愛運が上昇します。

セッションで「自分が好きになれなくって……」というお客さまがいらっしゃいました。実はこのような相談は多いです。それに対する解決策は存在します。

結論からお話ししますと、自分が好きになれないときは、とにかく**自分の好きなモノに囲まれると元気になってきて、その元気になった自分のことが少し好きになれます。**

ですので手始めは、自分の好きなものに触れることが大切です。

たとえば、学生の方であれば**好きなアイドルのブロマイド**でもいいでしょうし、嵐の大ファンであれば**嵐のコンサート映像のＤＶＤ**でもいいでしょう。

デザートが大好きな方であればデザートを準備するも良し。

私であれば、**安藤裕子さん**の歌が特に好きなので、元気がないときは自分を回復させるために聴きます。人によってはそれが**ミスチル**だったり、**安室奈美恵さん**だったり、さまざまなアーティストだったりするでしょうね！

また、**自分の好きな作家の本に囲まれる**のもいいですね。私も書斎に自分の好きな作家の本を前面に置いて、メルマガを執筆したりします。そうすると、なぜかしら、自分のテンションが高くなります。

これは私の仮説ですが、自分の好きなものには、自分と共鳴する分子が存在するのではないかと考えています。

共鳴する分子が多ければ多いほど、自分の気持ちが高まり、自己肯定感が上がり、自分のことが好きになりやすい状態になる――そんな仮説です。

ですので、自分が好きになれないときは、とにかく自分の好きなモノに囲まれると元気になってきて、その元気になった自分のことが少し好きになれます。

ですので、手始めは、自分の好きなものに触れることが大切なのです。

過去の恋愛が忘れられないときの「回復ノート」

「過去に大失恋をして未だに傷心している」「忘れられない人がいる」

そのような場合に、つらい気持ちをなくしたり、軽減してくれるノート・ワークを紹介しましょう。

この方法はアメリカの最も著名な心理学者と名高いジェームズ・W・ペネベーカー氏がクライアントとのたび重なる対話と試行錯誤のうちにまとめたトラウマ軽減の画期的な方法＊です。

このワークは「書いて癒す回復ワーク」とも「こころのライティング」とも言われます。

やり方は極めてシンプルです。自分のトラウマを文章で1日20分書いて、連続4日間それを行うというものです。

＊『こころのライティング 書いていやす回復ワークブック』（ジェームズ・W・ペネベーカー著、獅々見照／獅々見元太郎訳、二瓶社）より

あなたのつらい経験について感じたことをノートに書くだけで、あなたの心と身体の健康はみるみる回復し改善していきます。

ただし、注意点も存在します。特に初日や2日目に当時のトラウマを再び思い出し、悲しい気持ちや焦燥感に一時的に苛《さいな》まれる可能性があるということです。

それでも、冷静に考えれば、その感情はたとえば悲しい映画を見終わったときのような一時的なものです。しばらくすると、その気持ちからはすぐに回復して、普段の自分に戻れますので安心してください。

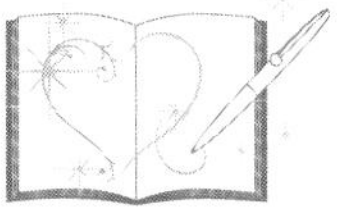

悪縁をキッパリ断ち切る「禁断の方法」とは?

それでもなかなか忘れられない場合は自宅の南の方角の川に「忘れられない人の名前を書いた紙」を流すことで、方位術の南の働き、すなわち離宮の「悪縁を切り離す」働きが顕現して、流した本人がとてもスッキリするのです。

南の方角はまた、自分にとって良いもの、悪いものを見極める、あるいは見定めるという働きがありますので、実行するにはふさわしいのです。

近くに川がなくて海しかない場合でしたら、そのときは海に流してください。

このとき、肝心なのは、川や海に流すときに、**「これを流すことで、この人との人間関係が切れて絶対にスッキリする！」**と心の底から思うことです。

そうすることで気持ちも楽になりますし、あなたの潜在意識に眠っていた「また、あの人に迷惑をかけられるかもしれない」という恐怖を消し去るのです。

私は、家族以外は悪縁切りしてしまってもかまわないと思っています。家族については縁を切ることは個人的には勧められませんが、どうしても実害が今後も確実にあって多大な損害が予想される場合は、仕方のないことかもしれません。

たとえば、配偶者がＤＶ夫（妻）であれば、今後も殴る蹴るが想像されるでしょうし、ギャンブル好きで治る見込みがないケースなど、現実的に離縁したほうが良い場合もあるでしょう。

そのあたり、私はこれまでセッションで多くの相談に乗ってきた経験から、**離婚が致し方ない場合もある**ことは充分に理解しているつもりです。

Chapter 6

恋愛・結婚ケース別！幸運になるノートの書き方

「お金持ち」を射止めるノートの書き方

どんな女性でも基本的に配偶者になる男性が「お金持ち」というのは歓迎されることでしょう。そのような配偶者であれば経済的な心配は皆無でしょうし、いわゆる贅沢な暮らしが保証されていることでしょう。

ただし、お金持ちとの恋愛はけっこうハードです。なぜならお金持ちの人はさまざまな分野で経験が豊富で、配偶者に要求するレベルも高いからです。そういう意味で**「相手が自分に何を望んでいるのか」に絶えず気を配る**必要があります。

名著『結婚の条件』（小倉千加子著、朝日新聞出版）の中に、非常に参考になる表現があります。

〝結婚は「カネ」と「カオ」の交換である〟

「カネ」は男性側で、「カオ」は女性側のことでしょう。男性はお金で異性にアピールし、女性は顔を含めたルックスで異性にアピールするということでしょうが、なかなか露骨で明瞭な表現です。

お金持ち相手になると、自分磨きをしっかり継続していかないと捨てられる可能性もあるわけですね。

ある意味、その恋愛・結婚を「維持」していくことが大切ですので、お金持ちとの恋愛（結婚）をしている方は、「維持」に関する専門の神さまにノートでお願いしてみてはいかがでしょうか。

鹿島神宮《かしまじんぐう》の主宰神《しゅさいしん》である武甕槌大神《たけみかづちのおおかみ》です。佐藤栄作元首相をはじめ、当選した議員（政治家）がこぞって参拝し、「次も当選できますように」と祈ると言います。

鹿島神宮は茨城県鹿嶋市にある歴史ある神社。日本建国・武道の神さまである武甕《たけみか》槌《づちの》大神《おおかみ》を御祭神とする、神武《じんむ》天皇元年創建の由緒ある神社です。遠方であっても一度は参拝して、その目に神社の姿を焼き付けておけば、帰宅後にノートに神さまの名前を書いても臨場感が漂って集中して書けることでしょう。

余談ですが、各地の弁財天を祭る神社のご祭神の名前をノートに書いてお願いしても効力はあります。

「年齢差のある恋愛」のときのノートの書き方

「年齢差のある恋愛」の相談は昔も今もあります。何歳違ったら年齢差のある恋愛なのか？　個人の違いも大きいと思いますが、一般的に10歳違いならば年齢差があると言えるでしょう。人によっては5歳程度でも年齢差があると言うかもしれません。昨今ではフランスのマクロン大統領が25歳年上の奥様と結婚していたことが話題にもなりました。

特に「ひとつ上の女房は金のわらじを履いて探せ」など年上女房を勧める言葉もあります。20代の男性でも30代の男性にとっても年上の女性の言うことは貴重な内容が多いものです。

周囲が何を言っても2人が納得できればいいわけですが、あまりにも年齢差があった場合には、まわりから「それって大丈夫なの？」とあからさまに言われることも多いでしょう。

ノートに書くとしたら、年齢差が特に周囲で問題になっていないケースであれば、通常の「ドリーム・ノート」の書き方で大丈夫ですが、年齢差が問題になっているカップルであれば、前著『幸運を引き寄せたいならノートの神さまにお願いしなさい』でも紹介した「ソリューション・ノート」を書き、解決することをおすすめします。

たとえば、**「年齢差を乗り越える恋愛」がテーマの小説やエッセイ3冊を読み、ひらめいたことをノートに綴っていく**のです。そのひらめきのなかに、きっと年齢差を乗り越えるヒントがあるはずです。

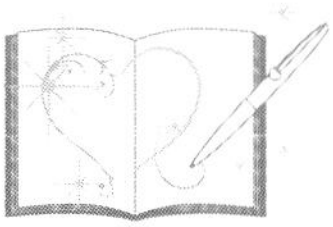

「格差婚」を成功させるノートの書き方

「格差婚」は収入や家柄がかけ離れたカップルが結婚するときに言われますが、一方がすごいステータスで、もう一方が鳴かず飛ばず、というカップルです。

年齢差カップルとは違った意味で比較され、格下のほうは格差婚と言われることに対して良い想いはないでしょう。格差婚と呼ばれているのが嫌でしょうから努力をしようと思われるのではないでしょうか。

そうであれば、ノートに〝Aさんのような能力や地位を得られるように導いてください〟というような**祈願系のお願いフレーズは、書いていて心の安定をもたらす効果**があります。

格差婚と言われようともへっちゃら！　という方でしたら通常の「ドリーム・ノート」の書き方で全く問題ないでしょう。

「社内恋愛」を成就させるノートの書き方

「社内恋愛」の相談も多いです。鑑定でも、相談する方が「社内恋愛を成就させたい」と言われると、相手に配偶者がいない限り、うまくいけば非常にポジティブな結果が想像でき、私にとっては楽しい鑑定になります。

社内恋愛は、基本的に特定の異性と長時間、何かを共有する時間があり、親和性が高まるため、ますます好きになっていく傾向にあります（接触回数が増えれば増えるほど相手に良い印象をもたらします）。このことを熟知性の法則、単純接触の原則などと言います。

社内恋愛は相手の行動や評判をすぐ近くで確認できるメリットがあります。デメリットは相手の悪いところも見える点です。

社内恋愛は**「片想いの社内恋愛」**と「両想いの社内恋愛」の2つに分かれます。

「片想いの社内恋愛」をしている場合で、まだ相手に告白をしていないときは、ノートに次のように書きます。

〝Aさんと社内でたくさん会う機会ができて、お互いに良いところを見つけられ付き合うことができました！〟と完了形で書いたり、完了形がとっつきにくければ末尾を〝お付き合いできますように〟という神さまへの祈願形でもいいでしょう。

これまで25年3万人以上の鑑定経験でわかったことは、**社内恋愛はできるだけ、社内の人に知られないほうがいい**ということです。社内の人に広まると噂好きな人たちの格好の餌食で、場合によっては面白おかしく別れさせられることになるケースもあります。結婚が近くなってから社内に公表することをおすすめします。

「遠距離恋愛」がうまくいくノートの書き方

「遠距離恋愛」の相談も時折あります。遠距離恋愛にも「片想いの遠距離恋愛」と「両想いの遠距離恋愛」の2つがあります。

遠距離恋愛のメリットは会う機会が少なく限定されているため、会えたときのデートが非常に盛り上がりやすいことです。毎回、新鮮な感動があることでしょう。

逆にデメリットは、距離があるためなかなか会う機会がないということ。付き合っているのに付き合っている感覚が希薄になりがちと言います。また、距離が離れていることが気持ちが離れることにつながり、少しのことで気持ちのすれ違いがあったり、双方に別の彼、彼女ができやすいという傾向があります。

また、すでに結婚していて夫が単身赴任で海外というケースもよく聞きます。会社都合で離ればなれのケースは案外、そのまま、関係性が希薄になって別れるケースもあります。

遠距離恋愛をしている方のノートの書き方は、〝○○年○月にできる限り遠距離から近距離に住んで仲良くなりました〟と完了形で書くといいです。結果的にこの恋愛が成功すれば結婚に近づいていくはずです。

可能であれば、ちょくちょく東南の吉方位に「縁結び旅行」に行かれるといいでしょう。東南の方角は遠方との関係が非常に良くなる願ってもない効力があり、元々、縁結びの方角としては鉄板の方角なのです。また、この東南の方角はとにかく「評判」が非常に良くなりますので、良いことずくめと言っていいでしょう。

ただし、この「縁結び旅行」は、２０１８年と２０１９年は年盤が東南が歳破（さいは）になるため、誰にとっても良くない方位になります。ですので、縁結び旅行鑑定を受けるなどして、月盤と日盤ともに東南が良い日を選んで週末に出かけるなどをおすすめします。

遠距離恋愛で目指すべき理想は、**吉方位先に引っ越し（結婚）**です。たとえば都内に彼が住んでいて、彼女が名古屋在住であれば、彼のもとに向かうには東方位ですし、彼が思い切って彼女の住まいの近くに来るということであれば彼は西方位に異動するということになります。

引っ越しは実に11年半も強い影響があるので、方位だけはしっかり観たほうがいいでしょう。「悪方位」への引っ越しは目も当てられない結果になるので気を付けたいですね。

「復縁」の奇跡が起こるノートの書き方

いわゆる「モト彼」「モトカノ」との復縁を望む男女は、いつの時代にも多いものです。甘酸っぱい思い出と共に過去のものになった恋愛は何かのきっかけで一度、ピリオドを迎えました。しかし、復活愛として成就させたカップルをもまた私は多く見てきました。

何しろ、一度は縁があった男女ですから、障害が取り除かれてタイミングが良ければ、「復縁」という形で再びご縁が結ばれることは当然と言えば当然と言えるでしょう。

復縁を望んでノートを書くとき、**逆効果になる書き方**があります。

〝(モト彼の) Aくんと交際しているBさんが決定的なケンカをして、別れて、Aくんが私の元に戻ってきますように〟

これは典型的な、悪いノートの書き方です。

Aくんが自分の元に戻ってくるのを望むことは自然なことですが、Aくんと現在、交際しているBさんとの破局を願いとして書いてしまうと、ノートの神さまに嫌われます。結果として、Aくんとの復縁も叶わなくなってしまいます。

ですので、復縁を望む場合は、2人がどんな環境であったとしても、誰かの不幸の元に幸せになろうと書いてはいけません。

では、どう書けばいいのか?

〝別れてしまったAくんと今後、2人やその周囲の人たちにとって歓迎される良い未来であれば、半年後に復縁が叶っています〟

と**「周囲に歓迎される」内容**を書くことです。周囲に歓迎されない自分勝手な未来を書いてしまうと、逆効果になるのです。

また、夜空の2つの星にお願いをかける方法もあります。

ひとつは**復縁のタイミングを引き寄せる「月」**に、もうひとつは**復活の星の波動を持つ「冥王星」にお願いする**というものです。

月は夜空に出ていれば目に見えるので、目をつぶっていてもイメージがしやすいかもしれませんが、冥王星はイメージするのが難しいと思います。

実は冥王星には**大きなハートマーク**があります。それをトンボー領域と呼びますが、その大きなハートマークの星が冥王星！　とイメージして、復活愛を信じてノートに書くといいのです。

「初恋」の人との引き寄せが起こるノートの書き方

初恋自体はたいていの場合、20歳前後までに経験する方が多いため、そのまま初恋を貫く方も割合、相談者の中ではいらっしゃいます。

それから、あまりないようで意外とあるのが同窓会での初恋の相手との再会です。大学時代や高校時代、場合によっては中学時代や小学校時代の同窓会もあるでしょう。初恋の人との恋愛はふとしたこのような同窓会に出席することからきっかけが生まれることが多いものです。

「単純接触の原則」から言っても、過去に集中的にお互いの顔を見て育った相手と再会すると、懐かしさや愛情に似た感覚が生まれやすいようです。

若い頃に漠然と「初恋の相手と再会して交際したい」と願った方もいるのではないでしょうか?

それを現実化したい場合、**ノートに具体的に「いつ頃、再会したいか」も書き込むと奇跡が起こりやすくなります。**

なお、初恋相手との再会ばかりを望んで、周囲にいる好い仲の人からの好意を受け取れず、ということがないようにしたいですね。

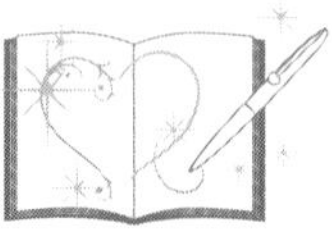

「不倫の恋」をしているときの禁断のノート術

「不倫の恋」の相談は実はけっこうな数あります。かなり重たくて切ない長年の関係を持たれている女性もいますし、「つい最近です」とあっけらかんとしている（ように見える）20代前半の女性もいます。

そもそも不倫とは倫理から外れている関係を示しているわけですが、誰も好きでそのような関係になっているわけではない、ということも多くの皆さんからの相談で知ることになりました。

この地球では「三方よしの法則」が物事が好転する考え方であり、繁栄する法則です。

それでは「不倫の恋」を成就したい場合は、どのようにノートに書くべきなのでしょうか？　本来は成就させてはいけないのでしょうが、それを望む場合には以下の書き方がいいでしょう。

〝Aさんと私の関係が、周囲のすべての人たちに祝福されて、とても幸せな結婚ができました〟

その「不倫の恋」に対して、どのようなシンクロニシティがやってくるのでしょうか？　シンクロが今後の未来を教えてくれるという法則があります。

普通、考えられるのは、「不倫」は多くの人に迷惑を掛けてしまうことが多いため、ノートの神さまが応援しにくいのではないかということです。

相手が配偶者持ちの場合は、将来的に配偶者に迷惑をかけてしまうことになりかねませんし、場合によっては子どもにも迷惑をかけてしまう可能性があります。

バレなければいいという考え方もあるのかもしれませんが、世の中に迷惑をかけてしまう行為であることは確かです。

私が多くの方々を鑑定してきてわかったことは、「不倫」を長年続けた場合、女性がある程度の年齢に達したときに男性に捨てられる傾向があるということです。

これは男性側が身勝手ということですが、長期的な関係の場合は自分の青春を捧げてしまった女性の気持ちを考えますと、いたたまれない気持ちになるものです。

それと「不倫の恋」はその後、成就した例を見つけるのが難しかったことを付け加えておきます。

成功事例としては、病弱な奥さんがいる男性と長年お付き合いしていた女性が、奥さんが亡くなったあとに結婚した例があります。

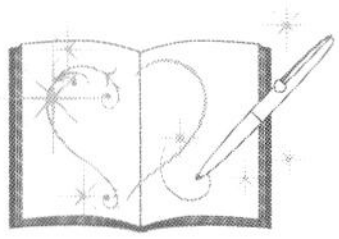

「浮気・二股の恋」をしているときは?

単なる遊びの「浮気」や質の悪い「二股の恋」をしている自覚があるという方、自省したほうがいいと思います。どんな願いも叶えるノートの神さまも、さすがに単なる欲情からの「浮気」や「二股の恋」の成就については消極的にならざるを得ないでしょう。

ノートに書くなら願望を書いてもいいのですが、前述のように**ノートの神さまからのご加護は難しい**ものになるでしょう。

しかし、どうしてもそれを成就したい方もなかにはいるかもしれません。その方を応援するわけではないのですが、そのようなケースはどうしたらいいのかお教えします。

北が吉方位になるときに「縁結び旅行」に行くと、北には「隠す」という意味があり、自分にとって都合の悪いことが世の中に露見せずに過ごすことが可能になります。

しかし北が「悪方位」になるときに行ってしまうと、今までの品行がすべて公にさらされて大変なことになってしまいますので、いつでも行っていいというわけではないのです。

「略奪愛」をしているときの背徳のノート術

「略奪愛」はある意味、確信犯的と言ってもいいでしょう。勇敢にも、いや無謀にもパートナーがいる相手を奪おうとするのですから、「三方よしの法則」に真っ向から対立します。そのため、大変な試練が用意されます。

ごく稀に向こうのパートナーが非常に弱気で、主人から離婚を言われて即受け入れる女性がいることにはいます。そのような場合は「略奪愛」が成立しています。しかし、因果応報の法則から、今度は自分がパートナーを略奪される事件が起こりやすくなります。

ただし、「略奪愛」にもいろいろな形があるもので、たとえば、ある夫婦がいて、その主人がＤＶで暴力ばかりふるい家族が大変悲惨な毎日を送っているケース。そこにその奥さんに対して、同情から好意に発展した男性が、その女性を救うべく結果的に「略奪婚」になったなどは少なからず存在することでしょう。

ですので、「三方よしの法則」に照らし合わせて、**ノートには〝関係するすべての人が幸せになるように〟と書くべき**なのです。そうすると状況が変わってきてチャンスが生まれてくる可能性があるのです。

Chapter 7

ノートの神さまに愛される方法

最後に、ノートの神さまに愛されるとっておきの秘訣をお教えします。

ノートを書くときは「目的」をよく考えてから書く

ノートに願望を書くと、次から次へとその通りに目標が叶ったり、あなたの思ったことが実現していきます。ですので、より発展的なことを書くようにしてください。ネガティブな内容は書かないようにしましょう。

ノートを書くときは、**何のためにこのノートを書くのかよく考えて、ノートの表紙にタイトルを書き込みましょう。**「素敵な恋人をつくりたい」「良い結婚相手に巡りあい、結婚したい」などさまざまなタイトルが考えられます。

これまで、それぞれのテーマについて触れてきましたので、そちらを参考にして取り組んでみてください。

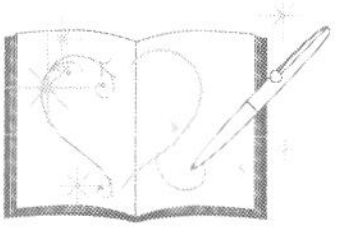

ノートを書くときは「売れっ子小説家」になったように気分良く書く

ノートは外部に出たあなたの第二の脳になるとても大切なものです。ノートを書くときは、気分良く書くことを心掛けてください。

たとえば、自分をノセるために、**ＢＧＭにこだわるのもおすすめ**です。

クラシックが好きな人であればクラシックを、ロック好きな人であればロックを。

演歌が好きな人であれば演歌をかけるといいでしょう。

また、ノートには基本的に何を書いてもいいので、自分の限界、常識を解き放つような気分にするものの助けを借りて書くのがいいのです。

それと同様に、**電車や新幹線、あるいは飛行機の中など、スピードの速い乗り物に乗って気分を変えて書くと、非日常から生まれるパワーに乗じることができます。**

また、気分が高揚するような場所で書くことです。

たとえば、**高級ホテルの最上階のラウンジ**や、**センスの良い喫茶店**など、雰囲気の良い場所に身を置くことで、書いている気分を良くすることができるでしょう。願望をノートに書くときは特にそれらが有効です。まさに自分が「売れっ子作家」にでもなった気分で書いてみるのです。

ノートはいつでもどこでも書いていい

ノートはあなたの脳裏にある貴重なアイデアを収集するツールです。ノートは、会社の会議、通勤電車の中、喫茶店とどの場所においても、開いたり、書いたりすることに違和感がありません。まるで免罪符のように**どこでも所有を許される不思議なもの**なのです。

あなたのふとした**アイデアは時と場所を選びません。**脳科学者によると人間は1日平均6万ぐらいの想念が飛び交います。

その内訳は97％は自分がすでに知っている情報で、残り3％は今まで考えたこともない新しい発想だそうです。その3％の新しいアイデアをノートに書き留めるために場所を問わずノートを持ち歩く習慣をつけるのです。

いつどんなときに良いアイデアが浮かぶとも限りませんので、ノートはできる限り持ち歩きましょう。

ノートが手元にないときは携帯からパソコンのメールに送るか、携帯のメモに書き、時間を見つけてノートに書き写すことをおすすめします。

Special Contents

恋愛運・結婚運がイッキに上がる「縁結び旅行」

恋愛運・結婚運がイッキに上がる「縁結び旅行」

「吉方位旅行」という効果テキメンの素晴らしい開運法があります。

その中で縁談（恋愛・結婚）に絞った旅行を、本書では**「縁結び旅行」**と表記することにします。

1年以内に大恋愛や結婚ができるようになる、奇跡の開運法です。後天的に開運することができる吉方位への旅行を意味し、この方法を紹介して何百人以上もの方々が結婚しました。

生年月日さえ、はっきりわかれば、場所を特定して行くことができるのです。

難しくはありません。自分の星の**「相性の良い方角」に旅行をするだけ**なのです。

あなたにとって良いことが旅行から1年間にわたって起こり、旅行に行った月を1

カ月目とカウントして、特に4・7・10・13カ月目に良いことが次々に起こるのです。

なぜ吉方位旅行に行くだけで恋人や結婚相手が出現するのでしょうか？

たとえば、パイナップルは南の暖かいところでスクスクと育ち、甘い果実をつけます。もし、北の寒い大地の場所にそのパイナップルを移動させたらどうでしょう？　スクスク育つどころかパイナップルは朽ちてしまうでしょう。

モノには適応する場所があり、適応外の場所では生き物は生きるのが困難になります。

これと同じように**人間も旅行などで場所を移動することによって、現地のさまざまな目には見えない「気」を吸収する現象が起きます。**方位学を知らない方はその現象の意味をなかなかつかむことができません。

その見えない「気」には恋愛運、結婚運アップの「気」もあるのです。

ですので、その恋愛運、結婚運アップの「気」を思う存分吸収して1年以内に大いに幸せになろう！　というのが「縁結び旅行」なのです。

「縁結び旅行」のやり方

①自分の「本命星」を探します

方位学では人間を9種類に分類します。生年月日から求めたものをあなたの「本命星」と言います。「本命星」は次ページの**「本命星早見表」**から簡単に求めることができます。

②それぞれの吉方位を知る

求めた本命星から、今度は本命星別のそれぞれの吉方位について「縁結び旅行」として行ける方位を、**「縁結び旅行早見表」**（174〜178ページ）で簡単に知ることができます。「縁結び旅行早見表」を見て、あなたの本命星の箇所でハートマークがついた月が「恋愛・結婚」に特に効果のある月です。

本命星早見表

一白水星	二黒土星	三碧木星	四緑木星	五黄土星	六白金星	七赤金星	八白土星	九紫火星
大正7年	大正6年	大正5年	大正4年	大正3年	大正2年	大正元年	明治44年	明治43年
昭和2年	昭和元年	大正14年	大正13年	大正12年	大正11年	大正10年	大正9年	大正8年
昭和11年	昭和10年	昭和9年	昭和8年	昭和7年	昭和6年	昭和5年	昭和4年	昭和3年
昭和20年	昭和19年	昭和18年	昭和17年	昭和16年	昭和15年	昭和14年	昭和13年	昭和12年
昭和29年	昭和28年	昭和27年	昭和26年	昭和25年	昭和24年	昭和23年	昭和22年	昭和21年
昭和38年	昭和37年	昭和36年	昭和35年	昭和34年	昭和33年	昭和32年	昭和31年	昭和30年
昭和47年	昭和46年	昭和45年	昭和44年	昭和43年	昭和42年	昭和41年	昭和40年	昭和39年
昭和56年	昭和55年	昭和54年	昭和53年	昭和52年	昭和51年	昭和50年	昭和49年	昭和48年
平成2年	平成元年	昭和63年	昭和62年	昭和61年	昭和60年	昭和59年	昭和58年	昭和57年
平成11年	平成10年	平成9年	平成8年	平成7年	平成6年	平成5年	平成4年	平成3年
平成20年	平成19年	平成18年	平成17年	平成16年	平成15年	平成14年	平成13年	平成12年
平成29年	平成28年	平成27年	平成26年	平成25年	平成24年	平成23年	平成22年	平成21年
新元号8年	新元号7年	新元号6年	新元号5年	新元号4年	新元号3年	新元号2年	新元号元年	平成30年

※方位学は旧暦で考え、立春の2月4日からが新年と考えます。元旦～2月3日までに生まれた人は、前年の本命星を見ます。またグレー色の年（うるう年）は2月5日からが新年です

縁結び旅行早見表①

二黒土星《にこくどせい》

2018年[平成30年]		東30°	西30°	南30°	北30°	東北60°	東南60°	西南60°	西北60°
2月	2/5~3/5	×	×	×	×		×		
3月	3/7~4/4	×	×	×	×		×		
4月	4/6~5/4	×	×	×	×		×	■	
5月	5/6~6/5	×	×	×	×		×		
6月	6/7~7/6	×	×	×	×		×	■	
7月	7/8~8/6	×	×	×	×		×	■	
8月	8/8~9/7	×	×	×	×		×		
9月	9/9~10/7	×	×	×	×		×		
10月	10/9~11/6	×	×	×	×		×		
11月	11/8~12/6	×	×	×	×		×		
12月	12/8~翌年1/5	×	×	×	×		×		
1月	1/7~2/3	×	×	×	×		×		

2019年[新元号元年]		東30°	西30°	南30°	北30°	東北60°	東南60°	西南60°	西北60°
2月	2/5~3/5	■				×	×	×	
3月	3/7~4/4	■				×	×	×	
4月	4/6~5/5					×	×	×	
5月	5/7~6/5	■				×	×	×	
6月	6/7~7/6					×	×	×	■
7月	7/8~8/7					×	×	×	
8月	8/9~9/7					×	×	×	■
9月	9/9~10/7					×	×	×	
10月	10/9~11/7					×	×	×	
11月	11/9~12/6	■				×	×	×	
12月	12/8~翌年1/5	■				×	×	×	
1月	1/7~2/3					×	×	×	

2020年[新元号2年]		東30°	西30°	南30°	北30°	東北60°	東南60°	西南60°	西北60°
2月	2/5~3/4	×	×	×	×		♥		■
3月	3/6~4/3	×	×	×	×		♥		■
4月	4/5~5/4	×	×	×	×				
5月	5/6~6/4	×	×	×	×				
6月	6/6~7/6	×	×	×	×				
7月	7/8~8/6	×	×	×	×				
8月	8/8~9/6	×	×	×	×				
9月	9/8~10/7	×	×	×	×				
10月	10/9~11/6	×	×	×	×				
11月	11/8~12/6	×	×	×	×				■
12月	12/8~翌年1/4	×	×	×	×		♥		■
1月	1/6~2/3	×	×	×	×				

一白水星《いっぱくすいせい》

2018年[平成30年]		東30°	西30°	南30°	北30°	東北60°	東南60°	西南60°	西北60°
2月	2/5~3/5	■		×	×		×		×
3月	3/7~4/4			×	×		×		×
4月	4/6~5/4			×	×	■	×		×
5月	5/6~6/5			×	×		×		×
6月	6/7~7/6			×	×	■	×	■	×
7月	7/8~8/6	♥		×	×		×	■	×
8月	8/8~9/7			×	×		×		×
9月	9/9~10/7			×	×		×		×
10月	10/9~11/6	♥		×	×		×	■	×
11月	11/8~12/6	■		×	×		×		×
12月	12/8~翌年1/5			×	×		×		×
1月	1/7~2/3			×	×	■	×		×

2019年[新元号元年]		東30°	西30°	南30°	北30°	東北60°	東南60°	西南60°	西北60°
2月	2/5~3/5	×	×	■	♥	×	×	×	
3月	3/7~4/4	×	×			×	×	×	
4月	4/6~5/5	×	×			×	×	×	
5月	5/7~6/5	×	×	■	♥	×	×	×	
6月	6/7~7/6	×	×			×	×	×	
7月	7/8~8/7	×	×			×	×	×	
8月	8/9~9/7	×	×			×	×	×	
9月	9/9~10/7	×	×			×	×	×	
10月	10/9~11/7	×	×	■		×	×	×	
11月	11/9~12/6	×	×	■	♥	×	×	×	
12月	12/8~翌年1/5	×	×			×	×	×	
1月	1/7~2/3	×	×			×	×	×	

2020年[新元号2年]		東30°	西30°	南30°	北30°	東北60°	東南60°	西南60°	西北60°
2月	2/5~3/4	×	×	×	♥	×	♥	×	
3月	3/6~4/3	×	×	×	♥	×	♥	×	
4月	4/5~5/4	×	×	×		×		×	
5月	5/6~6/4	×	×	×		×	♥	×	
6月	6/6~7/6	×	×	×		×		×	
7月	7/8~8/6	×	×	×		×		×	
8月	8/8~9/6	×	×	×	♥	×		×	
9月	9/8~10/7	×	×	×		×		×	
10月	10/9~11/6	×	×	×		×		×	
11月	11/8~12/6	×	×	×	♥	×		×	
12月	12/8~翌年1/4	×	×	×	♥	×	♥	×	
1月	1/6~2/3	×	×	×		×		×	

♥は恋愛・結婚に特に効果的な大吉方位
■はそのほかの大吉方位
×は3泊4日以上は避けたい凶方位
※印がない方位は、日によって吉凶が変わる場合がある

縁結び旅行早見表②

四緑木星《しろくもくせい》

2018年［平成30年］		東30°	西30°	南30°	北30°	東北60°	東南60°	西南60°	西北60°
2月	2/5~3/5			×	×		×		
3月	3/7~4/4			×	×		×		
4月	4/6~5/4			×	×		×		
5月	5/6~6/5			×	×		×		
6月	6/7~7/6			×	×		×		
7月	7/8~8/6			×	×		×		♥
8月	8/8~9/7			×	×		×		░
9月	9/9~10/7			×	×		×		
10月	10/9~11/6			×	×	░	×		
11月	11/8~12/6			×	×		×		
12月	12/8~翌年1/5			×	×		×		
1月	1/7~2/3			×	×		×		

2019年［新元号元年］		東30°	西30°	南30°	北30°	東北60°	東南60°	西南60°	西北60°
2月	2/5~3/5			×	×	×	×	×	░
3月	3/7~4/4			×	×	×	×	×	
4月	4/6~5/5			×	×	×	×	×	
5月	5/7~6/5		♥	×	×	×	×	×	
6月	6/7~7/6			×	×	×	×	×	
7月	7/8~8/7			×	×	×	×	×	
8月	8/9~9/7			×	×	×	×	×	
9月	9/9~10/7			×	×	×	×	×	
10月	10/9~11/7			×	×	×	×	×	
11月	11/9~12/6			×	×	×	×	×	░
12月	12/8~翌年1/5		♥	×	×	×	×	×	
1月	1/7~2/3			×	×	×	×	×	░

2020年［新元号2年］		東30°	西30°	南30°	北30°	東北60°	東南60°	西南60°	西北60°
2月	2/5~3/4	×	×	×		×		×	
3月	3/6~4/3	×	×	×	♥	×		×	
4月	4/5~5/4	×	×	×		×		×	
5月	5/6~6/4	×	×	×	♥	×		×	
6月	6/6~7/6	×	×	×		×		×	
7月	7/8~8/6	×	×	×		×		×	
8月	8/8~9/6	×	×	×		×		×	
9月	9/8~10/7	×	×	×		×		×	
10月	10/9~11/6	×	×	×		×		×	
11月	11/8~12/6	×	×	×		×		×	
12月	12/8~翌年1/4	×	×	×	♥	×		×	
1月	1/6~2/3	×	×	×		×		×	

三碧木星《さんぺきもくせい》

2018年［平成30年］		東30°	西30°	南30°	北30°	東北60°	東南60°	西南60°	西北60°
2月	2/5~3/5			×	×	×	×	×	
3月	3/7~4/4			×	×	×	×	×	
4月	4/6~5/4			×	×	×	×	×	
5月	5/6~6/5			×	×	×	×	×	
6月	6/7~7/6			×	×	×	×	×	
7月	7/8~8/6			×	×	×	×	×	♥
8月	8/8~9/7			×	×	×	×	×	░
9月	9/9~10/7			×	×	×	×	×	
10月	10/9~11/6			×	×	×	×	×	
11月	11/8~12/6			×	×	×	×	×	
12月	12/8~翌年1/5			×	×	×	×	×	
1月	1/7~2/3			×	×	×	×	×	♥

2019年［新元号元年］		東30°	西30°	南30°	北30°	東北60°	東南60°	西南60°	西北60°
2月	2/5~3/5		♥	×	×	×	×	×	
3月	3/7~4/4			×	×	×	×	×	
4月	4/6~5/5			×	×	×	×	×	
5月	5/7~6/5		♥	×	×	×	×	×	
6月	6/7~7/6			×	×	×	×	×	
7月	7/8~8/7			×	×	×	×	×	
8月	8/9~9/7			×	×	×	×	×	
9月	9/9~10/7			×	×	×	×	×	
10月	10/9~11/7			×	×	×	×	×	░
11月	11/9~12/6		♥	×	×	×	×	×	
12月	12/8~翌年1/5			×	×	×	×	×	
1月	1/7~2/3			×	×	×	×	×	░

2020年［新元号2年］		東30°	西30°	南30°	北30°	東北60°	東南60°	西南60°	西北60°
2月	2/5~3/4	×	×	×	×				
3月	3/6~4/3	×	×	×	×	♥		♥	
4月	4/5~5/4	×	×	×	×				
5月	5/6~6/4	×	×	×	×			♥	
6月	6/6~7/6	×	×	×	×			░	
7月	7/8~8/6	×	×	×	×				
8月	8/8~9/6	×	×	×	×				
9月	9/8~10/7	×	×	×	×	♥			
10月	10/9~11/6	×	×	×	×				
11月	11/8~12/6	×	×	×	×				
12月	12/8~翌年1/4	×	×	×	×	♥		♥	
1月	1/6~2/3	×	×	×	×				

縁結び旅行早見表③

六白金星《ろっぱくきんせい》

2018年［平成30年］		東 30°	西 30°	南 30°	北 30°	東北 60°	東南 60°	西南 60°	西北 60°
2月	2/5~3/5		♥	×	×	×	×	×	
3月	3/7~4/4			×	×	×	×	×	
4月	4/6~5/4			×	×	×	×	×	
5月	5/6~6/5			×	×	×	×	×	
6月	6/7~7/6	■		×	×	×	×	×	■
7月	7/8~8/6	♥	♥	×	×	×	×	×	♥
8月	8/8~9/7			×	×	×	×	×	
9月	9/9~10/7			×	×	×	×	×	
10月	10/9~11/6		♥	×	×	×	×	×	
11月	11/8~12/6		♥	×	×	×	×	×	
12月	12/8~翌年1/5			×	×	×	×	×	
1月	1/7~2/3			×	×	×	×	×	

2019年［新元号元年］		東 30°	西 30°	南 30°	北 30°	東北 60°	東南 60°	西南 60°	西北 60°
2月	2/5~3/5	×	×			×	×	×	
3月	3/7~4/4	×	×			×	×	×	
4月	4/6~5/5	×	×			×	×	×	
5月	5/7~6/5	×	×			×	×	×	
6月	6/7~7/6	×	×			×	×	×	
7月	7/8~8/7	×	×			×	×	×	
8月	8/9~9/7	×	×			×	×	×	
9月	9/9~10/7	×	×			×	×	×	
10月	10/9~11/7	×	×			×	×	×	
11月	11/9~12/6	×	×			×	×	×	
12月	12/8~翌年1/5	×	×			×	×	×	
1月	1/7~2/3	×	×			×	×	×	

2020年［新元号2年］		東 30°	西 30°	南 30°	北 30°	東北 60°	東南 60°	西南 60°	西北 60°
2月	2/5~3/4	×	×	×			×		×
3月	3/6~4/3	×	×	×		♥	×		×
4月	4/5~5/4	×	×	×			×		×
5月	5/6~6/4	×	×	×		■	×		×
6月	6/6~7/6	×	×	×		♥	×		×
7月	7/8~8/6	×	×	×			×		×
8月	8/8~9/6	×	×	×			×		×
9月	9/8~10/7	×	×	×			×		×
10月	10/9~11/6	×	×	×			×		×
11月	11/8~12/6	×	×	×			×		×
12月	12/8~翌年1/4	×	×	×		♥	×		×
1月	1/6~2/3	×	×	×			×		×

五黄土星《ごおうどせい》

2018年［平成30年］		東 30°	西 30°	南 30°	北 30°	東北 60°	東南 60°	西南 60°	西北 60°
2月	2/5~3/5		♥	×	×		×		
3月	3/7~4/4	■		×	×		×		
4月	4/6~5/4			×	×		×	■	
5月	5/6~6/5	■		×	×		×		
6月	6/7~7/6	■		×	×		×	■	
7月	7/8~8/6	♥	♥	×	×		×	■	
8月	8/8~9/7	■		×	×		×		
9月	9/9~10/7			×	×		×		
10月	10/9~11/6		♥	×	×		×		
11月	11/8~12/6		♥	×	×		×	■	
12月	12/8~翌年1/5	■	♥	×	×		×		
1月	1/7~2/3			×	×		×		

2019年［新元号元年］		東 30°	西 30°	南 30°	北 30°	東北 60°	東南 60°	西南 60°	西北 60°
2月	2/5~3/5	■				×	×	×	
3月	3/7~4/4	■				×	×	×	■
4月	4/6~5/5	■				×	×	×	
5月	5/7~6/5	■				×	×	×	
6月	6/7~7/6					×	×	×	■
7月	7/8~8/7					×	×	×	
8月	8/9~9/7					×	×	×	■
9月	9/9~10/7					×	×	×	
10月	10/9~11/7					×	×	×	
11月	11/9~12/6	■				×	×	×	
12月	12/8~翌年1/5	■				×	×	×	■
1月	1/7~2/3	■				×	×	×	

2020年［新元号2年］		東 30°	西 30°	南 30°	北 30°	東北 60°	東南 60°	西南 60°	西北 60°
2月	2/5~3/4	×	×	×			♥		■
3月	3/6~4/3	×	×	×			♥		■
4月	4/5~5/4	×	×	×					
5月	5/6~6/4	×	×	×					
6月	6/6~7/6	×	×	×					
7月	7/8~8/6	×	×	×			♥		
8月	8/8~9/6	×	×	×					
9月	9/8~10/7	×	×	×			♥		■
10月	10/9~11/6	×	×	×					
11月	11/8~12/6	×	×	×					■
12月	12/8~翌年1/4	×	×	×			♥		■
1月	1/6~2/3	×	×	×					

♥は恋愛・結婚に特に効果的な大吉方位
■はそのほかの大吉方位
×は３泊４日以上は避けたい凶方位
※印がない方位は、日によって吉凶が変わる場合がある

縁結び旅行早見表④

八白土星《はっぱくどせい》

2018年［平成30年］		東30°	西30°	南30°	北30°	東北60°	東南60°	西南60°	西北60°
2月	2/5~3/5		♥	×	×		×		×
3月	3/7~4/4			×	×		×		×
4月	4/6~5/4			×	×		×		×
5月	5/6~6/5			×	×		×		×
6月	6/7~7/6			×	×		×		×
7月	7/8~8/6	♥	♥	×	×		×		×
8月	8/8~9/7			×	×		×		×
9月	9/9~10/7			×	×		×		×
10月	10/9~11/6			×	×		×		×
11月	11/8~12/6		♥	×	×		×		×
12月	12/8~翌年1/5		♥	×	×		×		×
1月	1/7~2/3			×	×		×		×

2019年［新元号元年］		東30°	西30°	南30°	北30°	東北60°	東南60°	西南60°	西北60°
2月	2/5~3/5					×	×	×	
3月	3/7~4/4					×	×	×	
4月	4/6~5/5					×	×	×	
5月	5/7~6/5					×	×	×	
6月	6/7~7/6					×	×	×	
7月	7/8~8/7					×	×	×	
8月	8/9~9/7					×	×	×	
9月	9/9~10/7					×	×	×	
10月	10/9~11/7					×	×	×	
11月	11/9~12/6					×	×	×	
12月	12/8~翌年1/5					×	×	×	
1月	1/7~2/3					×	×	×	

2020年［新元号2年］		東30°	西30°	南30°	北30°	東北60°	東南60°	西南60°	西北60°
2月	2/5~3/4	×	×	×			×		×
3月	3/6~4/3	×	×	×			×		×
4月	4/5~5/4	×	×	×			×		×
5月	5/6~6/4	×	×	×			×		×
6月	6/6~7/6	×	×	×			×		×
7月	7/8~8/6	×	×	×			×		×
8月	8/8~9/6	×	×	×			×		×
9月	9/8~10/7	×	×	×			×		×
10月	10/9~11/6	×	×	×			×		×
11月	11/8~12/6	×	×	×			×		×
12月	12/8~翌年1/4	×	×	×			×		×
1月	1/6~2/3	×	×	×			×		×

七赤金星《しちせききんせい》

2018年［平成30年］		東30°	西30°	南30°	北30°	東北60°	東南60°	西南60°	西北60°
2月	2/5~3/5	×	×	×	×		×		
3月	3/7~4/4	×	×	×	×		×		
4月	4/6~5/4	×	×	×	×		×		
5月	5/6~6/5	×	×	×	×		×		
6月	6/7~7/6	×	×	×	×		×		
7月	7/8~8/6	×	×	×	×		×		♥
8月	8/8~9/7	×	×	×	×		×		
9月	9/9~10/7	×	×	×	×		×		
10月	10/9~11/6	×	×	×	×		×		
11月	11/8~12/6	×	×	×	×		×		
12月	12/8~翌年1/5	×	×	×	×		×		
1月	1/7~2/3	×	×	×	×		×		

2019年［新元号元年］		東30°	西30°	南30°	北30°	東北60°	東南60°	西南60°	西北60°
2月	2/5~3/5					×	×	×	
3月	3/7~4/4					×	×	×	
4月	4/6~5/5					×	×	×	
5月	5/7~6/5		♥			×	×	×	
6月	6/7~7/6					×	×	×	
7月	7/8~8/7		♥			×	×	×	
8月	8/9~9/7					×	×	×	
9月	9/9~10/7		♥			×	×	×	
10月	10/9~11/7					×	×	×	
11月	11/9~12/6					×	×	×	
12月	12/8~翌年1/5					×	×	×	
1月	1/7~2/3					×	×	×	

2020年［新元号2年］		東30°	西30°	南30°	北30°	東北60°	東南60°	西南60°	西北60°
2月	2/5~3/4	×	×	×					
3月	3/6~4/3	×	×	×		♥	♥		
4月	4/5~5/4	×	×	×					
5月	5/6~6/4	×	×	×					
6月	6/6~7/6	×	×	×					
7月	7/8~8/6	×	×	×			♥		
8月	8/8~9/6	×	×	×			♥		
9月	9/8~10/7	×	×	×					
10月	10/9~11/6	×	×	×					
11月	11/8~12/6	×	×	×					
12月	12/8~翌年1/4	×	×	×			♥		
1月	1/6~2/3	×	×	×					

方角の考え方

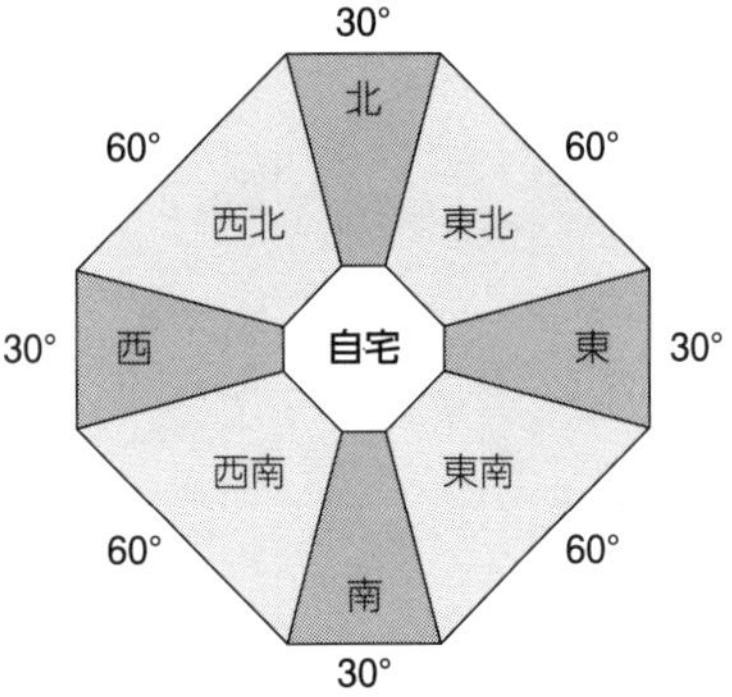

♥のついた大吉方位上にある
100km以上離れた場所へ
3泊4日以上滞在する

九紫火星《きゅうしかせい》

2018年［平成30年］		東 30°	西 30°	南 30°	北 30°	東北 60°	東南 60°	西南 60°	西北 60°
2月	2/5~3/5			×	×	■	×		
3月	3/7~4/4			×	×		×		
4月	4/6~5/4			×	×		×		
5月	5/6~6/5			×	×		×		
6月	6/7~7/6		♥	×	×	■	×		
7月	7/8~8/6		♥	×	×		×		
8月	8/8~9/7			×	×		×		
9月	9/9~10/7			×	×		×		
10月	10/9~11/6		♥	×	×		×		
11月	11/8~12/6			×	×	■	×		
12月	12/8~翌年1/5			×	×		×		
1月	1/7~2/3			×	×		×		

2019年［新元号元年］		東 30°	西 30°	南 30°	北 30°	東北 60°	東南 60°	西南 60°	西北 60°
2月	2/5~3/5					×	×	×	×
3月	3/7~4/4					×	×	×	×
4月	4/6~5/5					×	×	×	×
5月	5/7~6/5			■	♥	×	×	×	×
6月	6/7~7/6			■		×	×	×	×
7月	7/8~8/7				♥	×	×	×	×
8月	8/9~9/7					×	×	×	×
9月	9/9~10/7					×	×	×	×
10月	10/9~11/7				♥	×	×	×	×
11月	11/9~12/6					×	×	×	×
12月	12/8~翌年1/5					×	×	×	×
1月	1/7~2/3					×	×	×	×

2020年［新元号2年］		東 30°	西 30°	南 30°	北 30°	東北 60°	東南 60°	西南 60°	西北 60°
2月	2/5~3/4	×	×	×	♥				
3月	3/6~4/3	×	×	×	♥			♥	■
4月	4/5~5/4	×	×	×	♥				
5月	5/6~6/4	×	×	×				■	
6月	6/6~7/6	×	×	×					
7月	7/8~8/6	×	×	×	♥				■
8月	8/8~9/6	×	×	×					■
9月	9/8~10/7	×	×	×					
10月	10/9~11/6	×	×	×					
11月	11/8~12/6	×	×	×	♥				
12月	12/8~翌年1/4	×	×	×	♥			♥	■
1月	1/6~2/3	×	×	×	♥				

♥は恋愛・結婚に特に効果的な大吉方位
■はそのほかの大吉方位
×は3泊4日以上は避けたい凶方位
※印がない方位は、日によって吉凶が変わる場合がある

方位の作用の**「基準」となる場所は「自宅」**になります。

本来は住んでおられる場所ですが、お医者さん、看護士さん、警備員さんなど、あまり自宅にいない人だと、必ずしもご自宅でない場合もあります。ではどういうふうに「基準」が決まるかと言うと、引っ越してから60日間住んだご自宅が「基準」になります。その際、子の刻（11時から1時）から卯の刻（5時から7時）の時間、60日間毎日滞在する必要があります。

③方位地図を把握します

ご自身の方位地図は以下のようにつくります。

（1）現住所と旅行先が一緒に掲載されている地図を用意して、地図の真北を出します

（2）現住所を中心にして、正確に「南北」の線を引きます

（3）南北の線と現住所で直角90度に交差するように、「東西」の線を引きます

（4）真ん中から北の左右に15度づつで合計30度の線を地図のギリギリまで書きます。こうしてできた場所が方位で言う「北」になります

（5）そして、南・東・西もそれぞれ30度の範囲で線をひっぱります
（6）東西南北の間に、60度づつの範囲で空白ができますが、そこが東北・東南・西南・西北などの方位になります

これで吉方位の自分用の地図が完成です。
あとはその方位のできるだけ真ん中付近に旅行すると確実な効果が期待できます。

また、インターネットのサイトを利用する方法も便利です。特に『あちこち方位』は非常に使い勝手が良いです。

http://h200.com/houi/

アクセスすると画面の左側にチェックするものが表示されます。
順番としては
（1）「画面中央を自宅に設定」します
（2）方位線については「方位線」にレ点を入れる
（3）「偏角を考慮」にはレ点を入れない
（4）「長さ自動」にレ点を入れる

偏角は考慮しないものですが、どうしてもそのことが気になる方は、偏角を考慮してもしなくても「同一の方位の範囲内」に旅行や引っ越しを行うといいと思います。

④吉方位は期間限定で利用します

吉方位旅行は**旧暦で節入りの日を除いて使用**します。たとえば、「縁結び旅行早見表」平成30年の10月は10月9日から11月6日を示しています。このあたりは慣れてくるとすぐにわかると思いますが、吉方位旅行は旧暦でその大吉の期間だけ期間限定で用いるのです。節入りの日は、前の月と当月のエネルギーが混在していると考えてあえて旅行では除きます。

⑤大吉の期間内に出発して到着します

とても大切なのは、「縁結び旅行早見表」に示されている大吉の期間内に出発することです。たとえば平成30年の10月は10月9日〜11月6日を示していますので、その期間内に旅行をすることが大切です。ただし、期間の最終日の11月6日が初日でも構いません。その期間内に到着すればＯＫで、旅行の帰りはその期間が過ぎていても全く問題ありません。

⑥大吉の期間内に、３泊４日（以上）で距離１００ｋｍ以上の旅行を実行します

吉方位旅行には効果を最大限にするコツがあります。そのコツは期間にして３泊４日以上、距離にして１００ｋｍ以上で行うというものです。

期間については一般的に３泊４日を旅行に充てるのはなかなか難しいと思いますが、以下の方法がおすすめです。

土日がお休みの場合、前日の金曜日の22時30分までに旅行先のホテルや旅館などにチェックインして部屋に入ります。これで１日分になります。それで金曜日の夜が１泊目、土曜日の夜が2泊目、日曜日の夜が３泊目となり、翌朝の月曜日の早朝に旅行先を出れば、月曜日の会社の出社に間に合いながら、３泊４日の旅行が可能になります。ポイントは「初日に22時30分までに入ること」です。これであれば金曜日の朝から向かう必要はありません（もちろん、朝から出かければ滞在時間が長くなりより良い効果が望めます）。

距離は現在のお住まいから必ず１００ｋｍ以上にしてください。現在の住まいとは

最低2カ月以上住んだ場所になります。１００ｋｍ以下では効果が著しく少なくなってしまいます。

吉方位旅行は「できるだけ長い期間でできるだけ遠くに行く」と効果がより確かなものになります。たとえばゴールデンウィークに1週間、海外のアメリカやヨーロッパでたっぷり楽しんで過ごすのは効果的にいえば非常に良い効果が望めます。

ただし、**早く恋愛や結婚をしたい場合は、日本国内がおすすめ**です。あまりにも遠い距離の場合ですと、旅行の効果が比較的ゆっくりと1年近くたってようやく出てくるケースがあるからです。**国内の旅行のほうが海外旅行に比べると早く効果が表れやすい**のです。

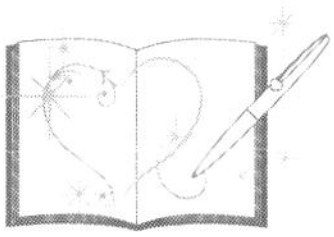

恋愛・結婚に効果的な方位は、「西」「北」「東南」

恋愛・結婚を叶える方位は「西」「北」「東南」です。

「西」は、恋愛・結婚に最適の方位で、楽しみながら恋愛が進み、結婚に至るという願ってもない方位のひとつです。

「北」の効果は、男女の関係が一気に進むというもので、劇的な展開があったりします。また、恋愛や結婚の障害が除かれるという願ってもない方位です。

「東南」は自分の評判が良くなり、多くの方から羨望の眼差しが向きます。そんな中、素晴らしい異性を紹介されるなどの出会いがあって恋愛、結婚に進むという方位です。

「縁結び旅行」について重ねてその効果をうたってきました。

興味を持ったら、せっかくですから、その効果を試してみると良いと思います。

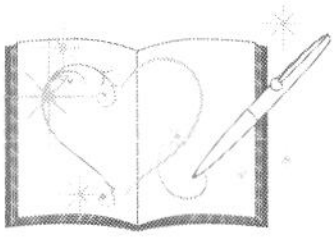

おわりに

本書を最後までお読みいただきまして、ありがとうございます。

世の中には容姿も学歴も何もかも恵まれた人もいるものです。また、残念ながら全く逆の方もいらっしゃるかもしれません。どちらが恋愛運、結婚運が良いかということは明白そうで、意外とそうでもないものです。

また、人は親を選んで生まれてこれません。どこの国に生まれるかも選んでこれません。しかし、後天的に自分の人生を良くしていくために何かあなたにアドバイスするとしたならば、私はやはり、本書で繰り返し述べてきた「ノートを書くこと」で「ノートの神さま」にお願いすることを強くおすすめします。

今回、恋愛運・結婚運に特化した3つのノートの書き方をご紹介してきました。

「マグネット・ノート」「キューピット・ノート」「アゲマン・ノート」の3つのノー

トで、あなたの人生は飛躍的に良くなっていくはずです。

ここで三重県在住の40歳でご結婚した女性の例をご紹介します。

長い間、ずっと結婚したくて結婚したくて仕方がなかったEさんは当時30代後半でした。若い頃に結婚したかったのですが、たまたまご縁がなく仕事に生きてきたと言います。しかし、手相を拝見したら、なんと、結婚線が1本でしかも、上向きという大吉相の結婚線をお持ちの女性だったのです。そして、本来の婚期が40歳ということが判明して、そこから努力の末、見事に結婚しました。

ご本人にとっては長い「冬」だっただけに今の幸せは、それは「もう信じられないほどの幸せ」だそうです。それがノートを書いて願いが叶ったのです。「ノートの神さまが応援してくれたから念願の理想の結婚が叶った」とEさんは言います。

人は自分が応援されていると実感すると、応援してくれている人に感謝ができて、「頑張ろう！」と意欲が湧きます。

本書を最後まで読んでくれたあなたは、すでに「ノートの神さま」に応援される資格を持っています。そして、実際にノートを書き始めると不思議な感覚が芽生えるかもしれません。

それは幼い頃に母親に抱きかかえられたような感覚かもしれませんし、長年多くの友人から認められたような感覚かもしれません。その不思議な感覚こそ、ノートの神さまの応援が始まった証拠といえるでしょう。

私は運命のパートナーは誰でも2つ存在すると考えています。ひとつは、あなたが未来で結ばれる運命のパートナーで、もうひとつがそれを叶えてくれる「ノートの神さま」というパートナーです。

ノートには無限の可能性が眠っています。そのノートとあなたは無限の可能性を紡いでいくパートナーだったのです。

あなたの人生に「運命のパートナー」が大いに微笑んでくれますように祈念しております。

きっと、あなたならその未来をつかめるはずです。

また、どこかでお会いしましょう！

丸井 章夫

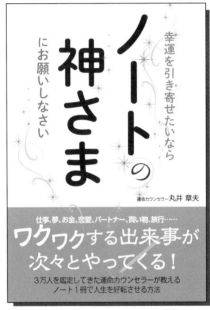

【著者紹介】

丸井 章夫（まるい・あきお）

運命カウンセラー。ノート研究家。手相家。心理カウンセラー。

1972年、秋田県生まれ。明治大学政治経済学部卒。現在、開運ノート術セミナーを各地で開催し、のべ500人以上に幸運を引き寄せるノートの指導を行っている。幼少より人間の心理と精神世界に興味を持ち、小学生のころには心理学や哲学の本を読みあさるようになる。その後、手相の知識を身につけて19歳でプロとして仕事をはじめる。以来、25年以上にわたり、のべ3万人以上の鑑定数を誇る。北海道から沖縄まで申し込みをする人は絶えず、カウンセラーとしては超異例の「1日15人以上」という数字を記録することもしばしば。「毎年100人以上のクライアントが1年以内に結婚している」「これまでにアメリカ、カナダをはじめ、世界11カ国からも鑑定依頼が来ている」など、驚異の実績と人気を誇っている。

また、プロ野球チーム・中日ドラゴンズのファンのためのオフィシャルマガジン『月刊ドラゴンズ』にも、選手の手相を鑑定する「手相でチェック」のコーナーを連載しており、メディアからも熱い注目を浴びている。

著書には、『幸運を引き寄せたいなら ノートの神さまにお願いしなさい』（すばる舎リンケージ）、『書くだけで願いが叶う！「引き寄せノート」のつくり方』（宝島社）、『100日で必ず強運がつかめるマップ アストロ風水開運法で恋愛・お金・健康…をGET!!』（心交社）、『あきらめ上手になると悩みは消える』（サンマーク出版）、『恋愛・結婚運がひと目でわかる 手相の本』（PHP研究所）などがある。

ブックデザイン：中西 啓一（panix）

運命のパートナーを引き寄せたいなら ノートの神さまにお願いしなさい

2018年8月15日　第1刷発行

著　者——丸井章夫
発行者——徳留慶太郎
発行所——株式会社すばる舎

〒170-0013　東京都豊島区東池袋3-9-7 東池袋織本ビル
TEL　03-3981-8651（代表）　03-3981-0767（営業部）
振替　00140-7-116563
http://www.subarusya.jp/

印　刷——中央精版印刷株式会社

落丁・乱丁本はお取り替えいたします

ISBN978-4-7991-0742-3